RAISON

ET

SENSIBILITÉ.

RAISON
ET
SENSIBILITÉ,
OU
LES DEUX MANIÈRES D'AIMER.

TRADUIT LIBREMENT DE L'ANGLAIS,

PAR

Mme ISABELLE DE MONTOLIEU.

TOME TROISIÈME.

A PARIS,
CHEZ ARTHUS-BERTRAND, LIBRAIRE,
RUE HAUTEFEUILLE, N°. 23.
1815.

RAISON

ET

SENSIBILITÉ.

CHAPITRE XXXIV.

Après quelques oppositions, Maria céda aux prières de sa sœur et consentit à sortir un matin avec elle et avec madame Jennings pour une demi-heure. Elle y mit la condition de ne faire aucune visite et d'accompagner seulement sa sœur jusques chez le fameux bijoutier Grays, à *Pakeville-Street*, où Elinor voulait changer quelques vieux diamans de sa mère contre des bijoux plus à la mode.

Quand elles arrivèrent à la porte, madame Jennings se rappela qu'il y avait à l'autre bout de la rue une dame de sa connaissance qu'elle désirait de voir, et comme elle n'avait rien à faire chez le bijoutier, elle dit à ses jeunes amies d'entrer sans elle, et qu'elle viendrait les reprendre après avoir fait sa visite.

Elles montèrent, et comme ce magasin était à la mode, et qu'on ne pouvait pas décemment porter un bijou, s'il n'était pas monté par M. Grays, elles y trouvèrent une telle quantité de monde, qu'il ne leur fut pas même possible de parvenir jusqu'à lui et qu'il fallut attendre. Elles s'assirent au bout du comptoir, du côté où il y avait le moins de foule. Un seul homme, d'après l'attention qu'il exigeait de l'ouvrier à qui il parlait, commandait sans doute quelque chose de précieux. Elinor espéra cependant que voyant deux femmes attendre qu'il eût fini, il aurait la politesse de se hâter. Mais après les avoir lorgnées l'une après l'autre, avec une très-élégante lorgnette attachée à une chaîne d'or de Venise, et les avoir saluées légèrement, il recommença à parler au bijoutier, à lui expliquer dans le plus minutieux détail ce qu'il demandait: c'était une petite boîte à cure-dents pour lui; et jusqu'à ce que la grandeur, la forme, les ornemens fussent expliqués, il s'écoula au moins un quart d'heure. Il se fit ensuite montrer tous les étuis à cure-dents du magasin, les loua, les dénigra, en parla comme de la chose la plus essentielle, déclara qu'il n'y avait de bien dans ce genre que ce qui sortait de son imagination, et recommença son explication minutieuse. De temps en temps sa main très-blanche, ornée de quelques bagues de fantaisie, reprenait sa lorgnette et la dirigeait négligemment sur les deux sœurs. Il chercha ensuite au milieu de cent breloques qui pendaient à sa montre un cachet emblématique dont la monture était aussi de son imagination. Quoiqu'Elinor n'eût jamais vu un seul des merveilleux petits-maîtres qui viennent étaler leurs grâces dans les magasins, aux ventes, aux promenades, elle comprit que celui-ci en était un. Sa figure soignée avec toute la recherche et l'extravagance de la mode, aurait été belle s'il en avait été moins occupé ; ses traits étaient réguliers, mais complètement insignifians ; ses yeux grands et d'une belle couleur n'exprimaient que le contentement de lui-même; son sourire seul aurait paru assez agréable à Elinor, parce qu'il lui rappelait celui d'Edward, s'il n'avait pas souri continuellement avec affectation, et seulement pour montrer ses belles dents.

Après s'en être amusée un instant, elle le trouva insupportable et surtout très-malhonnête de faire attendre aussi long-temps des femmes pour un objet aussi peu important, et de les regarder comme un objet de curiosité. Maria ne savait pas seulement qu'il était là. Pensive, les yeux baissés, elle n'était pas dans le magasin de M. Grays, dont le nom qui avait un léger rapport avec celui de M. Willoughby, avait ramené toutes ses idées de ce côté, et elle ne se doutait non plus de ce qui se passait autour d'elle, que si elle avait été dans sa chambre.

Enfin l'importante affaire de l'étui à cure-dents fut décidée. L'ivoire, les perles, l'or, eurent chacun leur place assignée; et le jeune merveilleux ayant fixé le nombre de jours qu'il pourrait encore vivre, sans la possession de sa *délicieuse* boîte, mit ses gants avec soin, fit sonner sa répétition, jeta encore un regard sur les dames plutôt pour captiver que pour exprimer l'admiration, et sortit avec cet air heureux que donne la persuasion de son mérite.

Elinor le remplaça auprès du bijoutier à la mode, dit ce qu'elle voulait, montra son écrin, et elle était près de conclure son marché lorsqu'un autre gentilhomme entre, s'approche. Elle jette les yeux sur lui; c'était son frère M. John Dashwood.

Leur reconnaissance et le plaisir qu'ils eurent à se retrouver, firent évènement dans le magasin de M. Grays. John Dashwood assez bon homme quand il ne lui en coûtait rien et que sa femme n'était pas là, fut réellement bien aise de rencontrer ses sœurs. Il leur témoigna beaucoup d'amitié, et s'informa de leur mère et d'Emma avec respect et tendresse. Elle lui demanda de son côté des nouvelles de Fanny et de son fils. Toute la famille était à la ville depuis deux jours.

— Je désirais beaucoup d'aller hier vous faire une visite, dit-il; mais c'était impossible, mon petit Henri avait envie de voir les bêtes sauvages, la ménagerie; il fallut bien lui obéir, et le reste du jour se passa avec madame Ferrars. Ce matin décidément, je voulais aller en Berkeley - Street pour vous voir, si je pouvais en trouver le moment; mais ici on n'en trouve point pour faire ce qu'on veut. Je suis venu ici acheter un collier à Fanny; elle ne peut sortir avec celui de l'année passée. Mais demain bien certainement, rien ne m'empêchera de me présenter chez votre amie madame Jennings. On m'assure que c'est une femme assez riche et qui a une jolie maison. Et son gendre le chevalier Middleton, et milady Middleton? cela sonne très-bien, en vérité. C'est votre cousin, n'est-ce pas? Vous m'y présenterez comme cousin de ma belle-mère. Je dois des respects à un homme de ce rang. Ce sont de bons voisins pour vous, m'a-t-on dit.

— Excellens en vérité! Leur attention pour notre bien-être en général, leur obligeance en chaque occasion, vont plus loin qu'il n'est possible de l'exprimer.

— Je suis charmé de savoir cela, excessivement charmé sur ma parole! mais cela doit être ainsi; ils sont vos parens, et très-riches. Il va sans dire que vous devez vous attendre à tout ce qu'ils peuvent faire pour rendre votre situation plus agréable. Ainsi vous êtes commodément établies dans votre hermitage, et vous n'y manquez de rien. Edward nous en a parlé avec enthousiasme ; c'est, assure-t-il, ce qu'il a vu de plus charmant dans ce genre; et vous avez à tout égard, au-delà de ce qu'il faut. Ç'a été une grande satisfaction pour nous, je vous assure, d'apprendre que des parens qui ne vous connaissaient point, se conduisaient si bien avec vous, et que vous ne manquiez de rien.

Elinor était honteuse, non pas pour elle, mais pour son frère, et ne fut pas fâchée d'être dispensée de lui répondre par l'arrivée du domestique de madame Jennings, qui vint avertir ces dames que sa maîtresse les attendait à la porte. M. Dashwood les accompagna et fut présenté à madame Jennings à la portière du carosse. Elle l'invita cordialement à venir souvent voir ses sœurs. Il promit qu'il y viendrait sans manquer le lendemain, et les quitta; il vint en effet. Madame Jennings s'attendait aussi que madame John Dashwood viendrait voir ses belles-sœurs; Elinor en doutait, et Maria plus encore. Celle-ci la connaissait trop bien pour rien attendre d'elle. En effet, leur frère vint seul; il apportait pour excuse qu'elle était toujours avec sa mère et n'avait pas un instant de libre. Madame Jennings trop bonne femme pour être exigeante, lui assura qu'entre amis on était sans cérémonie, que l'amie de ses belles-sœurs devait être aussi celle de sa femme, et qu'elles iraient la voir les premières. M. Dashwood fut amical avec ses sœurs, excessivement poli avec madame Jennings, et un peu en peine de savoir comment il fallait être avec le colonel Brandon qui vint quelques momens après lui. Il lui fut présenté sous son nom et sous son titre. Madame Jennings y joignit celui d'*ami* de la maison ; mais cela ne suffisait pas à M. John Dashwood pour régler le degré de politesse. Il fallait savoir au juste combien il avait de revenu : aussi se contenta-t-il de le regarder avec curiosité, et d'être honnête de manière à pouvoir ensuite l'être plus ou moins, suivant *sa valeur* et ses rentes.

Après être resté une demi-heure, il se leva et pria Elinor de venir avec lui à Conduit-Street, pour l'introduire chez sir Georges et lady Middleton. Le temps était beau ; elle y consentit, et prit le bras de son frère. A peine furent-ils dehors de la maison, qu'il lui demanda : Qui est donc ce colonel Brandon, Elinor, a-t-il de la fortune ?

— Oui, il a une belle terre en Dorsetshire.

— J'en suis charmé, reprit M. Dashwood. Il a très-bon ton cet homme-là. Je lui crois un très-bon caractère, et, d'après la manière dont il vous a saluée, je pense que je puis vous féliciter sur l'espoir d'un bon établissement.

— Moi! mon frère, que voulez-vous dire?

— Il vous aime; cela n'est pas douteux. Je l'ai bien observé, et j'en suis convaincu. A combien monte sa fortune?

— On dit qu'il a deux mille pièces de revenu.

— Deux mille pièces! Je voudrais de tout mon cœur, ma chère Elinor, dit-il avec un air de générosité, comme si son souhait était un présent, je voudrais qu'il en eût le double.

— Je vous en remercie pour lui, dit Elinor en riant; mais pour moi cela m'est assez égal. Je suis très-sûre que le colonel Brandon n'a pas la moindre idée de m'épouser.

— Vous vous trompez, Elinor, vous vous trompez beaucoup; avec un peu de soins et de peine de votre côté vous vous assurez cette conquête. Peut-être n'est-il pas encore décidé; votre peu de fortune peut le faire balancer. Sans doute sa famille est contre vous; c'est tout simple, et cela doit-être ainsi. Mais quelques-uns de ces petits encouragemens que les jolies femmes savent si bien donner, le décideront en dépit de lui-même; et je ne vois aucune raison qui puisse vous en empêcher. Je n'imagine pas qu'un premier attachement de votre côté puisse influer. Vous n'êtes pas romanesque, vous Elinor,.... et en un mot vous savez fort bien qu'un attachement de cette nature est hors de la question.... Vous avez assez d'esprit pour me comprendre et assez de raison pour sentir qu'il y a des obstacles insurmontables. Non, non, le colonel Brandon, voilà celui sur lequel vous devez jeter vos vues ; et de ma part aucune politesse, aucune attention ne sera épargnée pour qu'il se plaise avec vous et votre famille. Je l'inviterai à dîner au premier jour, je vous le promets. C'est une affaire qui nous donnerait à tous une vraie satisfaction. Vous devez sentir, dit-il en baissant la voix d'un air important, que cela ferait plaisir à tout le monde.... Toute ma famille désire excessivement, Elinor, de vous voir bien établie. Fanny particulièrement a votre intérêt à cœur, je vous assure, et sa mère aussi, madame Ferrars, qui ne vous connaît pas encore, mais qui a souvent entendu parler de vous, et qui est une très-bonne femme. Elle disait l'autre jour qu'elle donnerait tout au monde pour vous voir bien mariée. — A tout autre qu'à son fils, pensa Elinor sans le dire. Pauvre dame Ferrars ! ce n'est pas moi qui vous donnerai du chagrin !

— Vous ne répondez pas, reprit M. Dashwood; vous êtes convaincue, je le vois; et l'affaire ira. Ce serait une chose très remarquable et très-plaisante d'avoir deux noces en même temps dans la famille et que Fanny mariât son frère et moi ma sœur; cela n'est pas impossible.

— Est-ce que M. Ferrars doit se marier? demanda Elinor avec fermeté.

— Cela n'est pas encore conclu, répondit-il ; mais il en est fort question. Il a une si excellente mère ! Madame Ferrars avec une libéralité que l'on voit rarement chez une femme aussi riche, lui donne mille livres sterling par année en faveur de ce mariage. Aussi est-ce un parti qu'il ne faut pas laisser échapper : c'est mademoiselle Morton, la fille unique de feu lord Morton, qui aura le jour de son mariage trente mille pièces. Edward, comme vous le savez, est très-aimable ; il a un bon caractère, tout ce qu'il faut pour rendre une femme très-heureuse. Ainsi c'est un mariage très-sortable des deux côtés, et qui se fera sûrement. Edward doit à sa mère de n'y mettre aucun obstacle. Une mère qui se prive pour son fils d'un revenu de mille pièces ; c'est superbe! Il lui en reste encore deux mille ; mais elle a deux autres enfans, Fanny et Robert. Elle ne les oublie pas non plus; elle est si généreuse, si noble! L'autre jour quand nous arrivâmes à la ville, pensant qu'un peu d'argent nous ferait plaisir, elle glissa dans la main de Fanny un billet de banque de deux cents pièces. Jugez comme cela venait à propos!

— Est-ce que vous auriez fait quelque perte d'argent, dit Elinor, essuyé quelque banqueroute?

— Non, non rassurez-vous ; je ne place mon argent qu'en lieu sûr: il n'y a rien à craindre. Mais mon Dieu! dans ces temps-ci on a tant de dépenses à faire, et qui s'augmentent quand on vient à Londres. Voyez il faut un collier neuf à Fanny. Elle donnera bien le vieux en paiement; mais il y a toujours la façon. Je veux aussi vous donner, mes chères sœurs, à chacune une petite paire de boucles d'oreilles. Quand nous retournerons chez Grays vous choisirez. Vous n'en achetiez pas ce matin, j'espère? Il serait piquant que vous m'eussiez prévenu.

— Non, non, mon frère, rassurez-vous; nous n'en avons pas besoin du tout. Notre bonne maman a voulu absolument nous donner quelques-uns de ses bijoux, plus que nous n'en voulions; et je les faisais remonter. — Bien, fort bien, j'en suis charmé; c'est très-bien fait. Quel besoin en a-t-elle à la campagne? Enfin vous avez vu ma bonne volonté. J'ai promis à mon père, à ses derniers momens, d'avoir soin de vous. On ne manque pas à une parole de cette espèce; et vous auriez eu déjà quelques petits présens de ma part, si je n'avais pas eu de grandes dépenses à faire à Norland.

— A Norland! avez-vous fait des changemens?

— Oui, quelques uns; d'abord des emplètes considérables de linge, de porcelaines, de meubles, pour remplacer ceux que notre respectable père a légués à votre mère. Je ne m'en plains pas; il avait bien le droit de les donner à qui il voulait. Mais enfin il a fallu beaucoup d'argent pour ces emplètes; et pour y suppléer j'ai coupé l'avenue des grand ormes et beaucoup éclairci le bois de chêne; j'ai fait ôter tous ces vieux arbres que Maria trouvait si beaux. Vous ne sauriez croire comme c'est plus joli à présent que tout est découvert. J'ai vendu tous ces bois;

n'ai-je pas bien fait, Elinor, qu'en dites-vous?

Elinor ne répondait pas ; elle était en idée sous ces beaux ombrages qui n'existaient plus. Pauvre Maria, pensait-elle, tu perds à-la-fois tout ce que ton cœur aimait! Il trouvera encore des soupirs, ce pauvre cœur, pour les vieux arbres de Norland.

— Vous avez aussi agi très-prudemment, continua John Dashwood, en vous liant avec cette madame Jennings. Sa maison est très-bien meublée; son équipage, annonce qu'elle est très-bien dans ses affaires; et c'est une connaissance qui peut vous être très-utile pour le présent et pour l'avenir. Son invitation prouve combien elle vous aime : car enfin deux personnes de plus dans un ménage sont quelque chose. Mais, à la manière dont elle parle de vous, je parie qu'elle ne s'en tiendra pas là, et qu'à sa mort vous ne serez pas oubliées. Elle laissera sûrement quelque bonne somme; et j'en suis charmé pour vous.

— Je crois, dit Elinor, qu'elle ne laissera que ce qui doit revenir à ses enfans.

— Bon! bon! moi je suis sûr qu'elle fait des épargnes et qu'elles seront pour vous. Ne m'a-t-elle pas dit: *vos sœurs remplacent mes filles ;* n'était-ce pas clair? Qu'avez-vous à dire à cela?

— Nous les remplaçons dans leurs chambres, et rien de plus. Elle aime beaucoup ses filles et ses petits-enfans, et ne leur préférera pas des étrangères ; cela ne serait ni juste ni naturel.

— Ses filles sont très-bien mariées ; et je ne vois pas la nécessité de leur donner plus qu'il ne leur revient de droit. Ses bontés inouïes pour vous vous donnent lieu de prétendre à un bon legs après elle; ce serait vous tromper que d'en agir autrement.

— Nous ne demandons que son amitié, dit Elinor; et pardonnez, mon frère, si je vous avoue que votre intérêt pour notre prospérité va beaucoup trop loin.

— Non, non, pas du tout. J'ai promis à notre bon père de m'intéresser à vous dans toutes les occasions, et rien n'est plus juste. Mais, ma chère Elinor, parlons d'autre chose. Qu'est-ce qu'il y a avec Maria? Elle n'est plus la même; elle a perdu ses belles couleurs; elle a maigri; ses yeux sont battus; elle n'a plus de gaîté, de vivacité; est-elle malade?

— Elle n'est pas bien ; elle a depuis quelques semaines des maux de nerfs et de tête.

— J'en suis fâché, très fâché ! Dans la jeunesse il suffit d'une maladie pour détruire la fleur de la beauté ; et voyez en combien peu de temps ! En septembre passé quand elle quitta Norland, c'était la plus belle fille qu'on pût voir. Elle avait précisément ce genre de beauté qui plaît aux hommes et les attire. Je pensais aussi qu'elle trouverait bientôt un bon parti. Je me rappelle que Fanny disait souvent que quoiqu'elle fût votre cadette, elle se marierait plutôt et mieux que vous. Elle s'est trompée cependant : c'est tout au plus à présent, si Maria trouve un parti de cinq ou six cents pièces de rente ; et vous, Elinor, vous allez en avoir un de deux mille...... en Dorsetshire....dites-vous.... Je connais peu le Dorsetshire, mais je me réjouis beaucoup de voir votre belle terre. Dès que vous y serez établie, vous pouvez compter sur la visite de nous deux Fanny et moi. Nous serons charmés de passer là quelque temps avec vous et le bon colonel.

Elinor s'efforça très-sérieusement de lui ôter l'idée que le colonel songeât à l'épouser; mais ce fut en vain. Ce projet lui plaisait trop pour qu'il y renonçât. Il persista à dire qu'il ferait tout ce qui dépendait de lui pour décider la chose qui était déja bien commencée, et que dès le lendemain il irait voir le colonel, et lui ferait un bel éloge d'Elinor. Ce pauvre John Dashwood! il avait justement assez de con-

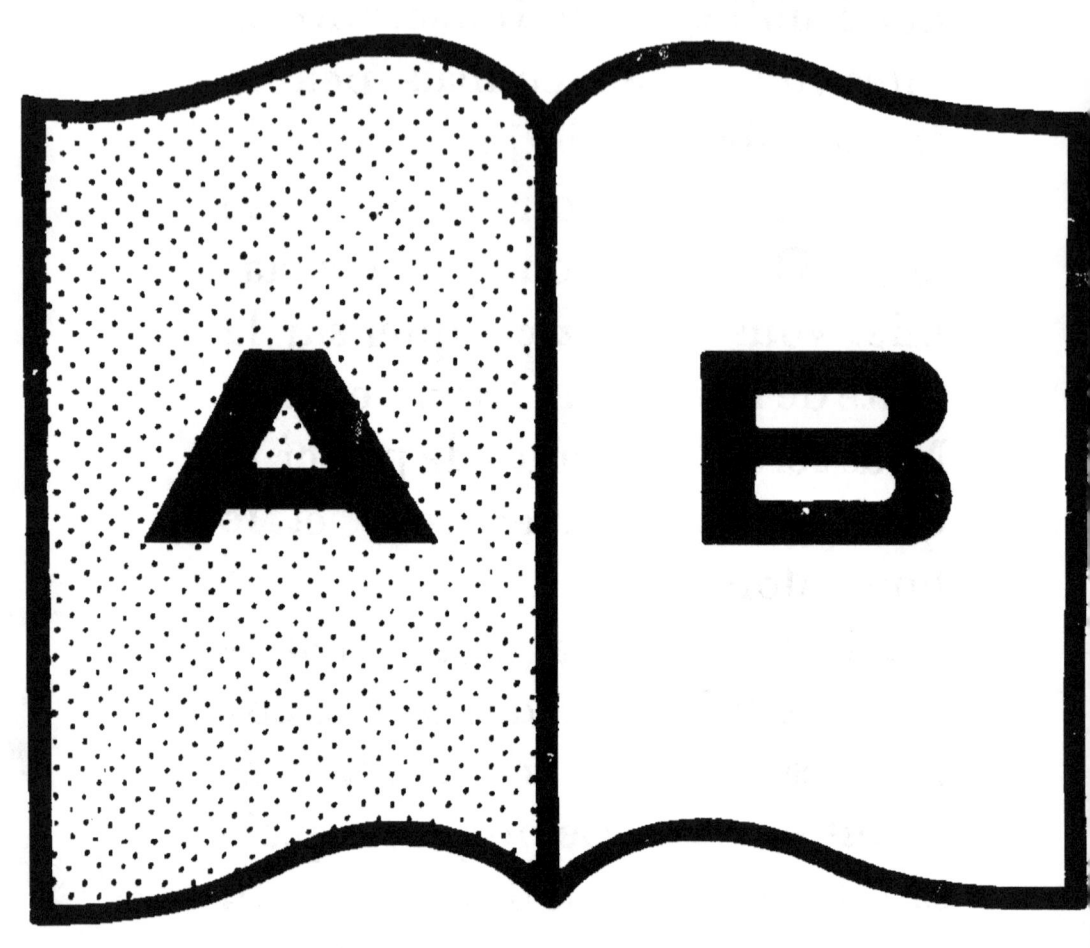

Contraste insuffisant

NF Z 43-120-14

science pour sentir qu'il n'avait point rempli ses promesses à son père relativement à ses sœurs, et pour désirer que le colonel Brandon et madame Jennings voulussent bien les dédommager de sa négligence.

Ils eurent le bonheur de trouver lady Middleton chez elle; et sir Georges rentra bientôt après. Élinor présenta son frère; et des deux côtés l'on se fit beaucoup de civilités. Sir Georges était toujours prêt à aimer tout le monde; et quoique M. Dashwood ne s'entendît ni en chevaux ni en chiens, il promettait d'être un assez bon convive. Lady Middleton trouva sa tournure élégante et son ton parfait, parce qu'il avait admiré son salon; et M. Dashwood fut enchanté de tous les deux.

— Quel charmant récit j'aurai

à faire à Fanny de ma matinée, dit-il à sa sœur en la ramenant chez madame Jennings; et comme elle en sera contente! Il n'y a que la santé de la pauvre Maria; mais elle se remettra. Lady Middleton est une femme charmante, tout-à-fait dans le genre de Fanny. Elles se conviendront à merveille, j'en suis sûr! et sir Georges est très-aimable. Il donne souvent à manger, n'est-ce pas, et des assemblées et des fêtes? Il m'a invité à tout ce qu'il y aurait chez lui. C'est une bonne connaissance à faire; et je vous en remercie, Elinor. Votre madame Jennings aussi est une excellente femme, quoique moins élégante que sa fille; mais aussi n'est-elle pas lady. J'espère bien cependant que votre belle-sœur n'aura plus aucun scrupule de la voir:

car je vous confesse à présent que c'est pour cela qu'elle n'est pas venue avec moi ce matin. Nous savions qu'elle est veuve d'un homme qui s'était enrichi dans le commerce ; et ni madame Dashwood ni madame Ferrars ne se souciaient de voir cette famille. Mais cela changera quand je leur dirai comme elle a l'air opulente. Le salon de lady Middleton est plus orné que le nôtre ; et je crains seulement un peu que Fanny ne veuille l'imiter. Mais enfin ils sont riches, très-aimables ; et j'espère que nous nous verrons souvent. Ils étaient devant la maison de madame Jennings, et ils se séparèrent.

CHAPITRE XXXV.

Madame Fanny Dashwood avait une telle confiance dans le jugement de son mari, que dès le jour suivant elle vint en personne faire visite à madame Jennings et à lady Middleton; et cette confiance ne fut pas trompée. La vieille amie de ses belles-sœurs, quoiqu'un peu commune, lui plut assez par ses prévenances; et lady Middleton l'enchanta complètement par son bon ton et son élégance. Cet enchantement fut réciproque. Il y avait entre ces deux femmes une sympathie de froideur de cœur et de petitesse d'esprit, qui devait nécessairement les attirer l'une vers l'autre. Elles avaient la même insipidité dans la conversation, la même nullité d'idées. Seulement Fanny avait un fond d'avarice et d'envie qui se manifestait en toute occasion, et lady Middleton une indifférence parfaite pour tout le monde, excepté pour ses enfans. Madame Dashwood lui plut mieux qu'une autre femme sans qu'elle eût pu dire pourquoi. Mais ce n'était pas de l'amitié, elle en était incapable. Fanny ne réussit pas aussi bien auprès de madame Jennings qui lui trouva l'air fier, impertinent, et qui vit qu'elle ne faisait aucun frais pour plaire, qu'elle n'avait rien d'aimable ni d'affectueux même avec ses charmantes belles-sœurs à qui elle parlait à peine, et qu'elle ne s'informait point de la santé de Maria qu'elle devait trouver changée. En effet elle ne disait rien à Elinor, ne témoignait aucun intérêt pour leurs plaisirs, leur demandait à peine des nouvelles de leur mère d'un air glacé, et sans écouter la réponse. Elle ne fut avec elles qu'un quart-d'heure, et resta au moins sept minutes en silence. La bonne et vive madame Jennings en fut indignée, et ne se gêna pas de le dire lorsque Fanny fut partie. Elinor aurait fort désiré d'apprendre d'elle si Edward était à Londres. Mais Fanny n'avait garde de prononcer devant elle le nom de son frère, jusqu'à ce que le mariage de l'un avec miss Morton, et de l'autre avec le colonel Brandon, les eût séparés à jamais. Elle les croyait encore trop attachés l'un à l'autre pour ne pas trembler tant qu'ils seraient libres; et son étude continuelle était de chercher à les éloigner de toutes manières. Elle ne parla donc point de son frère. Mais Elinor apprit d'un autre côté ce qu'elle voulait savoir. Lucy vint réclamer sa compassion sur le malheur qu'elle éprouvait de n'avoir point encore vu son cher Edward, quoiqu'il fût venu à Londres avec M. et madame Dashwood pour se rapprocher d'elle. Mais il n'osait pas venir la voir chez ses parens d'Holborn qui ne le connaissaient point; et malgré leur mutuelle impatience, tout ce qu'ils pouvaient faire pour le moment, c'était de s'écrire tous les jours.

Elinor, qui ne pouvait se fier tout-à-fait à la véracité de Lucy, et qui voyait le but de ses confidences, doutait encore: mais elle ne tarda pas d'avoir la conviction qu'Edward était véritablement à la ville. Deux fois en rentrant à la maison elle apprit qu'il était venu et trouva sa carte. Par une contrariété naturelle au cœur humain, elle fut bien aise qu'il eût pensé à venir, et plus aise encore de n'y avoir pas été.

M. John Dashwood ne perdait pas de vue le mariage supposé de sa sœur aînée avec le colonel Brandon ; ainsi qu'il l'avait dit, il voulut l'inviter à dîner chez lui. Il ne fallait pas moins qu'un motif de cette importance pour les décider lui et sa femme à cette dépense. Fanny y consentit cette fois, et par l'espoir qu'Elinor en épouserait un autre que son frère, et par celui d'être invitée à son tour aux fréquentes fêtes de sir Georges et à ses dîners qui étaient en grande réputation, tant pour le talent de son cuisinier, que par l'élégance du service : c'était donc semer pour recueillir. En effet peu de jours après que la connaissance fut faite, on reçut une invitation en forme pour dîner le jeudi suivant chez madame John Dashwood à Harley-Street, où ils avaient loué pour trois mois une jolie maison. Ses deux belles-sœurs, madame Jennings, les Middleton et M. Palmer acceptèrent. Charlotte sur le point d'accoucher ne sortait plus. Le colonel Brandon fut surpris d'être du nombre des convives, ne connaissant pas du tout madame Dashwood et n'ayant vu qu'un instant son mari, qui ne lui avait fait qu'un accueil demi poli; mais il aimait trop à être avec mesdemoiselles Dashwood pour en refuser l'occasion. Madame Ferrars devait aussi en être. Mais on ne nomma point ses fils ; et Elinor n'osa pas s'informer s'ils y seraient. Quelques mois auparavant elle aurait été vivement émue de la seule pensée de se rencontrer avec la mère d'Edward, et de lui être présentée, actuellement elle pouvait la voir relativement à elle-même avec une complète indifférence ; elle le croyait du moins, et rejeta entièrement sur la curiosité, l'intérêt qu'elle mettait à la connaître. Cet intérêt, mais non pas son plaisir, acquit un degré de plus en apprenant que Lucy Stéeles serait aussi de la partie. D'après ce qu'elle savait de la hauteur de madame Ferrars, la bonne Elinor, sans aimer Lucy, ne pouvait s'empêcher de la plaindre d'avance de la manière dont elle en serait traitée, ce qui lui serait d'autant plus sensible qu'elle s'y était volontairement exposée. Dès que celle-ci apprit ce dîner, elle se hâta de rappeler une invitation assez vague que lady Middleton avait faite aux deux sœurs Stéeles lorsqu'elles se séparèrent à Barton, de passer une quinzaine de jours chez elle à Londres. Lady Middleton l'avait oubliée; mais l'adroite Lucy porta à la petite Sélina un joli panier plein de bonbons, et lui souffla de demander à sa maman que ses bonnes amies Stéeles vinssent demeurer avec elle. Les demandes de Sélina n'étaient jamais refusées; une heure après la voiture de lady Middleton arriva à Holborn, avec une prière instante aux demoiselles Stéeles de se rendre sans délai aux désirs de Sélina, avant que la charmante petite pleurât, ce qui lui faisait un mal affreux. Une fois établies chez leurs nobles parens, elles devaient être invitées avec eux, et elles avaient un droit de plus de l'être chez madame Dashwood à qui elles n'étaient pas entièrement inconnues, au moins de nom, puisque leur oncle avait été instituteur de son frère. Mais il suffisait qu'elles fussent logées chez lady Middleton, et qu'elle les protégeât pour être bien reçues. Lucy était au comble de la joie; elle allait enfin être introduite dans cette famille qui devait être un jour la sienne. Elle pourrait satisfaire sa curiosité, les examiner, juger des difficultés qu'elle aurait à surmonter, avoir une occasion de leur plaire. Elle n'avait pas encore eu dans sa vie un aussi grand plaisir qu'en recevant la carte de madame Dashwood. Mais ce plaisir aurait été diminué de moitié si elle n'avait pu y joindre le chagrin de sa rivale : elle se hâta d'aller lui faire part de son bonheur. Elinor eut beaucoup de peine à lui cacher ce qu'elle ressentait, et n'y réussit peut-être pas, car la joie de Lucy augmenta en voyant un nuage sur le front d'Elinor, lorsqu'elle lui dit qu'Edward y serait sûrement : à moins, ajouta-t-elle, qu'il ne craigne de se trahir. Il lui était impossible lorsque nous étions ensemble de cacher l'excès de son affection ; et cette raison l'empêchera peut-être d'y venir. Quelque cruel que fût ce motif pour la pauvre Elinor, elle en désirait au moins l'effet. Voir Edward pour la première fois depuis leur séparation, et le voir avec Lucy ! Elle croyait à peine pouvoir le supporter.

Ce jeudi si désiré, si redouté, qui devait mettre les deux jeunes rivales en présence de la future belle-mère arriva. Elinor avait acheté la veille une charmante toque en fleurs avec des plumes blanches dont elle voulait se parer ce jour-là. Lucy qui venait continuellement chez madame Jennings, pour y voir sa *chère* amie, se trouva là quand on l'apporta. Elinor l'essaya. Elle lui séyait à ravir; et malgré toute sa raison, elle ne fut point fâchée de le trouver elle-même. Le jeudi matin Lucy arriva, plus caressante, plus tendre qu'à l'ordinaire. Elle avait honte, dit-elle, de ce qu'elle venait lui demander; mais sa chère Elinor était si fort au-dessus de ces bagatelles; elle avait si peu besoin de parure; elle était si indifférente sur ce moyen de plaire en ayant tant d'autres; et pour cette grande occasion il était si essentiel à Lucy de les tous employer. Elle devait à Edward de se faire aussi jolie qu'il lui serait possible la première fois qu'elle paraissait devant sa mère. Si Edward lui-même s'y trouvait, c'était un motif de plus qu'Elinor devait comprendre. Elle espérait donc de sa complaisance, de son amitié, qu'elle voudrait bien pour ce jour-là renoncer à la jolie toque qui la coiffait si élégamment, et la lui prêter. Elle avoua en rougissant qu'elle n'était pas assez en fonds dans ce moment pour s'en acheter une semblable, ce qu'elle aurait fait sûrement, cût-elle dû la prendre à crédit, si elle n'avait pas compté sur la bonté de sa *chère* Elinor. Mademoiselle Dashwood frémit de penser qu'elle avait failli arriver au dîner coiffée exactement comme Lucy, et se trouva heureuse en comparaison de lui céder si jolie toque, qu'elle regrettait bien un peu.... mais qu'elle pria Lucy d'accepter. Cette dernière s'en empara bien vîte, également enchantée qu'elle fût sur sa tête et non sur celle d'Elinor. Bon Dieu! ma chère, lui dit-elle, plaignez-moi, je vous en conjure! Vous êtes la seule personne qui saura ce que je souffre. A peine puis-je marcher tant je suis émue en pensant que dans quelques heures je verrai la personne dont tout mon bonheur dépend, celle qui doit être ma mère! Mettez-vous à ma place.... mais c'est impossible ; il faut aimer Edward comme je l'aime, pour comprendre l'état où je suis.

Elinor aurait pu diminuer cette émotion, ou la faire changer de nature, en lui disant que vraisemblablement c'était la belle-mère de miss Morton plutôt que la sienne qu'elle allait voir. Elle ne le dit pas, mais elle lui assura avec tant de sincérité qu'elle la plaignait infiniment, que Lucy en fut presque piquée. Elle espérait être pour mademoiselle Dashwood un objet d'envie plutôt que de compassion.

Enfin elles arrivèrent chez madame John Dashwood. Sa mère au haut bout de la chambre étalait dans un grand fauteuil sa chétive personne, et saluait à peine avec un air de protection. Elle était petite, maigre, se tenait extrêmement droite, avait de la roideur dans tous ses mouvemens; sa physionomie était sombre ou du moins très sérieuse; elle ne se permettait de sourire que lorsqu'elle disait un sarcasme; son reint était brun tirant sur le jaune ; ses traits assez petits, et sans beauté. Une contraction habituelle de ses sourcils empêchait sa physionomie d'être complètement insignifiante, mais lui donnait en échange une forte expression d'orgueil et même de méchanceté. Elle ne parlait pas beaucoup, contre la règle générale ; elle proportionnait le nombre de ses paroles à celui de ses idées ; et dans le peu de syllabes honnêtes qui lui échappèrent à l'arrivée des hôtes de sa fille qui lui furent présentés, il n'y en eut pas une seule adressée aux demoiselles Dashwood, qu'elle regardait intérieurement, avec dédain et avec malveillance.

Cette conduite ne pouvait plus influer sur le bonheur d'Elinor. Peu de mois auparavant elle en-

aurait été excessivement blessée et affligée; mais il n'était plus au pouvoir de madame Ferrars de produire cet effet sur elle; et la différence de sa manière avec les demoiselles Stéeles, dont le seul but était d'humilier encore mesdemoiselles Dashwood, l'amusa au contraire beaucoup. Elle ne pouvait s'empêcher de sourire de l'air affable et presque amical avec lequel la mère et la fille distinguèrent Lucy surtout, et des peines que celle-ci se donnait pour leur plaire, peines qui allaient jusqu'à la bassesse. Madame Ferrars avait un vieux petit bichon, seul être qu'elle pût aimer et qui ne la quittait point. Lucy le caressait exactement comme elle caressait Sélina Middleton. Elle s'extasiait sur cette charmante petite créature, allait lui ouvrir la porte s'il voulait sortir, et l'attendait pour le rapporter à sa maîtresse. Elle admirait l'éclat du beau satin cramoisi de la robe de madame Ferrars et la beauté de ses points. Elle allait chauffer le coussin qui était sous les pieds de cette dame. Quand lady Middleton s'éloignait un peu, elle déclarait que madame John Dashwood était la plus belle femme qu'elle eût vue de sa vie, et qu'elle ressemblait beaucoup à sa mère, etc. etc. Enfin à force de flatteries, elle se rendit si agréable à l'une et à l'autre, que même madame Ferrars, qui ne s'humanisait jamais avec ceux qu'elle regardait comme ses inférieurs, lui adressa quelques mots obligeans, et déclara que ces jeunes miss Stéeles avaient le ton de la meilleure éducation, et que bien des demoiselles qui se croyaient des modèles, n'en approchaient pas. Elle lança en même temps un regard sur Elinor qui riait en elle-même, en pensant à quel point la faveur et les grâces de madame Ferrars étaient mal placées, et qu'elles se changeraient bien promptement en fureur, si elle se doutait que cette jeune audacieuse, qu'elle trouvait si charmante, parce qu'elle n'était pas Elinor, pensait à épouser son fils. Fanny faillit à lui en donner l'idée : mesdemoiselles Stéeles, dit-elle à sa mère, sont les nièces de M. Pratt chez qui Edward a étudié. — Vraiment, dit madame Ferrars en relevant le sourcil; vous connaissez donc mon fils? — Très-peu, madame, dit Lucy avec assurance, nous ne demeurons pas auprès de mon oncle.

— Tant mieux pour vous, dit madame Ferrars avec humeur; il n'entend rien à l'éducation. Lucy redoubla ses flatteries qui lui réussirent de nouveau. Elle était au troisième ciel, en se voyant ainsi distinguée, et ne daignait plus parler à Elinor. La grosse Anna même se rengorgeait avec fierté, en pensant qu'elle était la sœur de la future belle-fille de madame Ferrars.

Maria était encore plus rêveuse, plus silencieuse qu'à l'ordinaire. A sa tristesse habituelle, se joignait le chagrin qu'elle supposait à Elinor de ne pas voir Edward, et celui qu'elle en ressentait elle-même. Elle l'aimait déjà comme un frère favori, et bien plus que celui qu'elle tenait de la nature. L'homme qui devait faire le bonheur de sa chère Elinor était au premier rang dans son cœur. Elle était venue presque avec plaisir à ce dîner, malgré son aversion pour la plupart des convives, dans l'unique espoir de voir Edward; et cet espoir était trompé. Edward n'y était pas. Elle regardait sa sœur avec un étonnement douloureux, et ne pouvait comprendre qu'elle eût la force de supporter une mésaventure aussi cruelle. Le colonel Brandon placé entre les deux sœurs se serait trouvé fort heureux, si la politesse fastidieuse du maître, et même de la maîtresse de la maison, lui avait laissé le temps d'en jouir. Tous les meilleurs mets, tous les meilleurs vins lui étaient adressés. M. Dashwood lui demandait son opinion surtout, et s'y rangeait à l'instant. Dès qu'il y avait un moment de silence entre lui et ses voisines, il disait à ses sœurs : allons, mesdemoiselles, parlez à votre aimable voisin; ne souffrez pas qu'il s'ennuie. On aurait dit que la fête était pour lui seul, et il ne pouvait comprendre le but de tant d'honnêtetés dont il était fatigué. Le dîner était magnifique, ainsi que les donnent ceux qui invitent rarement; et ni le nombre des plats ni celui des laquais n'annonçaient cette pauvreté dont il s'était plaint à sa sœur. Elle ne se faisait sentir que dans la conversation. Mais il est vrai que de ce côté là le déficit était considérable, tant chez les maîtres du logis que chez la plupart des convives : manque de raison, manque d'esprit, soit naturel soit cultivé, manque de goût, manque de gaîté, manque enfin de tout ce qui rend un repas agréable.

Quand les dames suivant l'usage se retirèrent après dîner pour le café, cette pauvreté fut encore plus en évidence. Les hommes mettaient au moins quelque variété dans le discours, quelques mots de politique, de chasse, d'agriculture; mais il n'en fut plus question. On avait épuisé avant dîner l'article des meubles et des parures. A la grande satisfaction de Lucy sa toque avait été fort admirée, et la simple coiffure d'Elinor, qui n'était que ses jolis cheveux bruns retenus par un fil de perles, regardée avec dédain : ensorte qu'après une longue digression sur la bonté du café, le seul sujet d'entretien fut de comparer la grandeur d'Henri Dashwood et celle de Williams. Le second fils de lady Middleton, qui étaient à-peu-près du même âge. Si les enfans avaient été là tous les deux, la question aurait été promptement décidée en les mesurant; mais il n'y avait là qu'Henri, et il fallut s'en rapporter à l'opinion des témoins. Celle des demoiselles Stéeles, qui passaient leur vie avec les petits Middleton, fut surtout demandée par leur mère, et de cette manière qui veut dire : décidez en ma faveur. N'est-ce pas, Lucy, que Williams a au moins deux doigs de plus qu'Henri Dashwood? Lucy fut horriblement embarrassée. A qui fera-t-elle sa cour? enfin l'amour l'emporta sur l'amitié, et après avoir un peu hésité, elle dit qu'elle croyait...... qu'il lui semblait que M. Henri avait quelques lignes de plus. Lady Middleton exprima par un regard son mécontentement; mais Lucy fut dédommagée par un doux sourire de la sœur d'Edward. Elinor trouva sa flatterie d'autant plus méprisable qu'il était évident que le petit Williams était beaucoup plus grand que son neveu; elle le dit quand on lui demanda son avis. Fanny et madame Ferrars répondirent avec aigreur qu'elle se trompait; et Maria déplut à tout le monde en disant qu'elle n'y avait fait nulle attention. Bientôt une autre bagatelle mit en scène sa vivacité de sentiment et l'irritabilité de ses nerfs.

Avant de quitter Norland, Elinor avait peint à sa belle-sœur de charmans écrans de cheminée; ils venaient d'être montés dans le dernier goût. Les hommes étaient rentrés au salon et entouraient le feu. John Dashwood allant toujours à son but, en prit un et le montra au colonel.

— Voyez, lui dit-il, c'est ma sœur Elinor qui a peint cela ; vous qui êtes un homme de goût, vous les admirerez. Je ne sais si vous connaissez son talent pour le dessin ; elle passe généralement pour en avoir beaucoup.

Le colonel sans être grand connaisseur en peinture les admira infiniment. La curiosité générale fut excitée, et les écrans passèrent de main en main. Lorsqu'ils furent dans celles de madame Ferrars, qui ne s'y entendait pas du tout, et qui ne pouvait se résoudre à louer Elinor, elle les fit passer à sa voisine sans dire un seul mot d'éloges. — Ils sont peints par mademoiselle Dashwood l'aînée, ma mère, dit Fanny ; ne les trouvez-vous pas très-jolis ?

Elinor surprise de la courtoisie de sa belle-sœur, lui en savait gré; mais sa reconnaissance ne fut pas de longue durée. Fanny ajouta : Regardez-les, maman, voyez si ce n'est pas à-peu-près le même genre de dessin que ceux de mademoiselle Morton; mais celle-ci peint encore plus délicieusement. Le dernier paysage qu'elle a fait est vraiment très-remarquable. — Extrêmement beau, dit madame Ferrars; elle excelle dans tout ce qu'elle fait, et rien ne peut lui être comparé; mais aussi elle a une éducation si brillante, tant de talens naturels !

Maria, la sensible, la vive Maria ne put supporter ce qu'elle regarda comme un outrage à sa sœur; elle était déja très-irritée du ton et de la manière de madame Ferrars, mais de tels éloges donnés à une autre aux dépens d'Elinor, provoquèrent son ressentiment. Quoiqu'elle n'eût encore aucune idée des projets sur mademoiselle Morton, mais cédant comme à son ordinaire à son premier mouvement, elle dit avec vivacité : Voilà en vérité une singulière manière de voir et d'admirer les ouvrages de ma sœur ! en faire un objet de comparaison pour les rabaisser, c'est du moins peu obligeant. Qui est cette demoiselle Morton à qui personne ne peut être comparé ? à propos de quoi est il question d'elle et de ses talens ? qui intéresse-t elle ici ? et mon Elinor nous intéresse tous. Alors prenant les écrans de la main de sa belle-sœur et les montrant encore au colonel; il faut, dit-elle, n'avoir pas le moindre goût, le moindre sentiment du beau pour ne pas les admirer, et pour penser à autre chose quand on les voit.

Madame Ferrars rougit de colère; ses petits yeux s'enflammèrent; ses sourcils s'élevèrent d'un demi pouce et se touchèrent. — Je croyais, dit-elle, que tout le monde ici savait que miss Morton est la fille de feu lord Morton; j'oubliais que mesdemoiselles Dashwood ne sont jamais venues à Londres et ne peuvent connaître le beau monde.

Fanny avait aussi l'air très-courroucée; et son mari était tout effrayé de l'audace de Maria. Il s'approcha d'elle, la mena dans l'embrâsure de la fenêtre, et lui dit à voix basse : Est-ce qu'Elinor ne vous a pas dit qu'Edward doit épouser miss Morton? Vous auriez mieux fait de vous taire. —

Edward! épouser miss Morton! s'écria Maria; jamais, jamais, c'est impossible! et poussée par son sentiment pour sa sœur chérie, ainsi méprisée et rejetée par toute une famille qui devait l'adorer, elle vint s'asseoir à côté d'elle, passant un bras autour de son cou, et posant sa joue contre la sienne, elle lui dit à l'oreille : Chère, chère Elinor, ne souffrez pas que de telles gens aient le pouvoir de vous rendre malheureuse; ne craignez rien; Edward ne pense pas ainsi. Je le connais, j'ose vous répondre de sa fidélité; en dépit d'eux et de leurs projets, il n'aime, il n'épousera que vous.

Elinor touchée de l'affection de sa sœur, mais désolée des preuves qu'elle lui en donnait dans ce moment, la conjura de se calmer, de se taire, tandis qu'elle-même ne pouvait à peine retenir les larmes qui remplirent ses yeux au propos de Maria. Celle-ci les sentit sur sa joue : tu pleures, lui dit-elle. Les méchans font pleurer mon Elinor; et alors elle fondit en larmes. L'attention de chacun fut excitée; et tout le monde eut l'air consterné. Le colonel Brandon qui depuis le commencement de cette scène avait eu les yeux attachés sur Maria, l'admirait bien plus qu'il ne la blâmait. Ce cœur si brûlant, cette sensibilité si active pour ceux qu'elle aimait autant que pour elle même, l'attachaient toujours davantage à cette jeune personne. Lorsqu'elle éclata en pleurs et en sanglots, il se leva, vint près d'elle presque involontairement, et prit sa main qu'il serra entre les siennes. Elinor soutenait sur son sein la tête de sa sœur, et ne pensait plus à Edward. Madame Jennings disait ! pauvre enfant ! pauvre petite ! la moindre chose attaque ses nerfs ! et elle lui faisait respirer son flacon de sels. Madame Ferrars levait les épaules en parlant à sa fille ; Lady Middleton regardait avec son air glacé ; M. Palmer bâillait près du feu en tenant les malheureux écrans, cause première de ce trouble ; les deux Stéeles riaient et chuchotaient dans un coin ; sir Georges était enragé contre le traître Willoughby, seul auteur, disait-il, de cette faiblesse de nerfs, et s'établissant entre les deux petites cousines Stéeles, qui étaient encore ses favorites, il leur conta toute l'affaire, qu'elles savaient aussi bien que lui, en s'emportant contre l'homme abominable qui mettait une fille charmante dans cet état.

Au bout de quelques minutes, Maria fut un peu remise. Elinor voulait la faire passer dans une autre chambre ; mais madame Dashwood dit qu'il n'y en avait point de libre, que l'attaque de nerfs une fois passée, Maria serait aussi bien au salon : elle resta donc à côté d'Elinor, et sans dire un mot de la soirée.

— Pauvre Maria ! disait son frère à voix basse au colonel Brandon ; elle n'a pas une aussi forte santé que sa sœur, elle est très-nerveuse, au lieu qu'Elinor n'est jamais malade. Je suis sûr qu'elle n'a pas coûté une guinée en médecin depuis qu'elle est au monde ; mais la pauvre Maria ! sa santé est détruite aussi bien que sa beauté, et c'est sans doute ce dernier point qui l'afflige: c'est bien naturel en vérité; si jeune encore! Pourriez-vous croire qu'il y a peu de mois qu'elle était belle à frapper, presque aussi belle qu'Elinor? A présent, quelle différence! Elinor est charmante et ne changera jamais; c'est un genre de beauté qui sera toujours le même, je puis en répondre.

— Je l'espère, dit le colonel, et que mademoiselle Maria retrouvera bientôt ses charmes.... Hélas! elle n'en avait encore que trop pour lui, et jamais elle ne lui avait paru aussi intéressante, aussi digne de toute son adoration.

Après le thé on fit des parties de jeu. Mesdames Ferrars et Jennings s'établirent à un grave whist avec sir Georges et M. Palmer. Elinor fut surprise de cet arrangement ; le colonel Brandon, à qui son frère et sa belle-sœur avaient fait tant d'honneurs, avait dans son idée plus de droit à cette partie, et par son âge et par son habileté au whist, que M. Palmer, qui malgré son apathie ne parut pas trop content d'être le partener des deux grands-mères. Mais M. Dashwood n'avait garde de séparer sa sœur Elinor de son futur époux le colonel Brandon. Lady Middleton n'aimait que le cassino ; et le colonel ne le savait presque pas, mais n'importe ; il fallut bon gré malgré qu'il se mît à cette partie, ainsi qu'Elinor qui aurait bien préféré ne pas jouer et rester avec sa sœur ; mais elle eut beau conjurer ou son frère ou Fanny de prendre sa place, elle ne put l'obtenir. M. Dashwood se mit à côté du colonel pour lui apprendre le cassino. Anna Stéeles fit le quatrième. Fanny se mit en cinquième dans la partie des mères. Lucy tantôt à côté d'elle lui parlait de tout ce qui pouvait lui plaire, tantôt à côté de madame Ferrars s'intéressait à son jeu, vantait son habileté au whist, à laquelle la bonne dame avait de grandes prétentions, enfin faisait sa cour de son mieux. Maria était laissée seule à ses tristes pensées, et ne s'en plaignait pas. Absorbée dans ses réflexions, dans ses souvenirs, et bien loin du salon de madame John Dashwood, elle n'entendit pas même ouvrir la porte et Fanny s'écrier: Ah! voilà mon frère. Mais Elinor ne l'entendit que trop ; son sang reflua vers son cœur qui battit avec violence ; et ses yeux baissés sur ses cartes, sans en distinguer une, elle s'efforça de reprendre son courage accoutumé. Enfin quand elle crut y avoir réussi, elle tourna ses regards d'abord sur Lucy, qui était restée à sa place, dont la physionomie n'exprimait rien, mais dont les yeux perçans suivaient celui qui venait d'entrer. Elinor était placée de manière à ne pas le voir, et n'en était pas fâchée, lorsque son frère s'écrie : Ah! vous voilà enfin, Robert, d'où diable venez-vous? Nous avons dîné depuis deux heures. Elinor respire ; ce n'est pas Edward. Robert s'avance auprès de son beau-frère; elle reconnaît d'abord le merveilleux à la boîte à cure-dents qui l'avait si fort impatientée chez le bijoutier. Sans doute il la reconnut aussi ; il la salua d'une inclination de tête d'un air affecté. Son costume avait toute l'extravagance de la mode française, encore exagérée, et présentait vraiment quelque chose de très-ridicule : une crête ébouriffée, un col de chemise remontant jusqu'aux coins des yeux, un fraque étroit, un gilet de deux doigts, un pantalon qui lui montait jusque-sous les bras, un fracas de cachets et de bagues, un bouquet à la boutonnière, enfin tout ce qui constituait alors l'élégance des jeunes gens qu'on appelait *des incroyables*. L'émotion d'Elinor avait fait place à l'étonnement; elle ne pouvait comprendre que ce fût là le frère du simple, du timide Edward. Il dit légèrement à son beau-frère, que, sur sa parole, il avait tout-à-fait oublié son dîner; que, dans la foule de ses engagemens, ces oublis lui arrivaient souvent; et promenant sa lorgnette sur les

jeunes dames, il daigna ajouter :
Sans doute j'ai beaucoup perdu...
Cette langoureuse beauté auprès
de la cheminée, est-ce une de
vos sœurs, John ? en désignant
Maria.

— Oui, la cadette, très-jolie
autrefois sur mon honneur ; mais
la pauvre enfant est malade. Robert ne l'écoutait pas ; sa lorgnette
était dirigée sur la jolie toque à
plumes de Lucy. Cette petite personne est délicieusement coiffée,
reprit-il, mais je dis délicieusement ! Cela vient de Paris ; je
crois l'avoir remarqué au magasin
d'Hustley ; très-jolie sur ma parole ;
du dernier goût !

— Et la jeune personne aussi ;
c'est miss Lucy Stéele, parente de
lady Middleton. Et Edward où
diable se tient-il ?

— Où je ne suis pas sans doute.

Nous n'allons point ensemble; il y a huit jours que je ne l'ai vu. Il s'approcha de sa mère dont il était le favori, et qui lui dit : Bon jour, Robert, avec un air assez affable. Il adressa quelques mots à Lucy sur sa délicieuse coiffure, dont elle eut l'air très-flattée. Peu à près les parties finirent, et l'on prit congé les uns des autres, au grand plaisir des deux sœurs à qui la journée avait été ennuyeuse et pénible.

CHAPITRE XXXVI.

Le désir qu'Elinor avait eu de voir la mère d'Edward était plus que satisfait; il était anéanti. Et, de tout son cœur, elle désirait actuellement ne pas se retrouver avec elle. Elle avait assez de son orgueil, de son dédain, de son esprit étroit et vain, et de sa prévention décidée contre les sœurs de son gendre; elle voyait clairement à présent toutes les difficultés et les retards qu'il y aurait eu à son mariage avec Edward, lors même qu'il eût été libre. Il était le seul de cette famille qui lui fût agréable. La fatuité et les prétentions de l'élégant Robert lui étaient insupportables; et madame John Dashwood n'ayant jamais cherché à gagner l'amitié de ses belles sœurs, ne leur en avait jamais témoigné. Elle se trouva donc presque heureuse qu'un obstacle insurmontable la préserva du malheur d'être sous la dépendance de madame Ferrars, d'être obligée de se soumettre à ses caprices et de supporter sa mauvaise humeur; et si elle n'avait pas encore la force de se réjouir qu'Edward fût engagé avec Lucy, elle l'attribuait uniquement à la certitude qu'il ne serait pas heureux avec elle. Si sa rivale avait été plus aimable, elle aurait pris tout-à-fait son parti de renoncer pour sa part à un bonheur aussi chèrement acheté que d'être la fille de madame Ferrars et la sœur de M. Robert. Elle ne comprenait pas que Lucy eût attaché autant de prix aux honnêtetés d'une femme qui ne lui en avait fait que parce qu'elle n'était pas Elinor, et que la vérité ne lui était pas connue. Il fallait que Lucy fût complètement aveuglée par la vanité pour n'avoir pas senti que cette préférence arrachée à demi par ses flatteries, n'était pas du tout pour l'*amante d'Edward*, pas même pour Lucy Stéeles, mais pour la jeune fille qui paraissait à côté de celle qu'on voulait mortifier. Lucy le voyait si peu sous ce jour, que dès le lendemain matin elle arriva à Berkeley-Street avec l'espoir de trouver Elinor seule, et de lui dire tout son bonheur; elle eut celui de venir au moment où madame Jennings allait sortir.

— Chère amie, dit Lucy à Elinor, que je suis contente de pouvoir vous parler en liberté, vous dire combien je suis heureuse!

Pouvez-vous imaginer quelque chose de plus flatteur que la manière dont madame Ferrars me traita hier? Comme elle était bonne, affable! Vous savez combien je la redoutais; certes, j'avais bien tort. Dès le premier moment où je lui fus présentée, je vis sur sa physionomie quelque chose qui me disait que je lui plaisais extrêmement; et toute sa conduite avec moi l'a confirmé. N'est-ce pas que c'était ainsi? vous l'aurez vu tout comme moi. N'en avez-vous pas été frappée?

— Elle était certainement très-polie avec vous.

— Polie! est-ce que vous n'avez vu que de la politesse? Pour moi j'ai vu beaucoup plus. Avec quelle bonté elle m'a distinguée de tout le monde! ni orgueil ni hauteur quoique je sois une pauvre jeune personne qu'elle voyait aussi pour la première fois. Elle n'a presque adressé la parole qu'à *moi* seule, et votre belle-sœur de même. Quelle femme adorable! toute douceur, toute affabilité, si bonne, si prévenante! Quel bonheur pour vous que votre frère ait épousé une femme aussi aimable.

Elinor pour éviter de répondre, voulut changer d'entretien; mais Lucy la pressa tellement de convenir de son bonheur, qu'elle ne pût s'en défendre. — Indubitablement, lui dit-elle, rien ne pourrait être plus heureux et plus flatteur pour vous que la conduite de madame Ferrars, si elle connaissait vos engagemens avec son fils, mais ce n'est pas le cas, et..... — J'étais sûre d'avance que vous me répondriez cela, interrompit

Lucy; mais vous conviendrez au moins qu'il ne peut y avoir aucune raison au monde qui obligeât madame Ferrars à feindre de m'aimer, si je ne lui plaisais pas; et elle a marqué une prévention si flatteuse pour moi, et pour *moi seule*, que vous ne pouvez m'ôter la satisfaction d'y croire. Je suis sûre à présent que tout finira bien, et que je ne trouverai point les difficultés que je craignais. Madame Ferrars et sa fille sont deux femmes charmantes, adorables, qui me paraissent sans défauts; et peut-être me font-elles l'honneur de penser la même chose de moi; car j'ai vu et senti qu'il y avait entre nous un attrait mutuel. Je suis étonnée que vous ne m'ayez jamais dit combien votre belle-sœur est agréable!

Elinor n'essaya pas même

de répondre; qu'aurait-elle pu dire?

— Etes-vous malade, miss Dashwood? dit Lucy, vous semblez si triste, si abattue! Vous ne parlez pas; sûrement vous n'êtes pas bien, lui dit la méchante fille avec son regard abominable.

— Je ne me suis jamais mieux portée, répondit Elinor.

— J'en suis vraiment charmée; mais vous n'en avez pas l'air du tout. Je serais consternée si vous tombiez malade, vous qui *partagez* si bien tout ce qui m'arrive. Le ciel sait ce que j'aurais fait sans votre amitié.

Elinor essaya de répondre quelque chose d'honnête; mais elle le fit si froidement qu'il eût mieux valu se taire. Cependant Lucy en parut satisfaite.

— En vérité, lui dit-elle, je

n'ai pas le moindre doute sur l'intérêt que vous prenez à mes confidences et à mon bonheur ; et après l'amour d'Edward, votre amitié est ce que je prise le plus. Pauvre Edward ! si seulement il avait été là ; s'il avait vu sa mère et sa sœur me traiter comme si j'étais déja de la famille ! mais à présent il en sera souvent témoin, et tout s'arrange à merveille. Lady Middleton et madame John Dashwood s'aiment déja à la folie ; elles vont se lier intimement, et nous serons sans cesse les uns chez les autres. Edward passe sa vie, dit-on, chez sa sœur. Lady Middleton fera de fréquentes visites à madame Dashwood ; et votre belle-sœur a eu la bonté de me dire qu'elle serait toujours charmée de me voir. Ah ! quelle délicieuse femme ! Si vous lui dites une fois ce que je pense d'elle, vous ne pourrez pas exagérer mes éloges. Elinor garda encore le silence ; et Lucy continua : Je suis sûre, que je me serais aperçue au premier moment si madame Ferrars avait mauvaise opinion de moi. Elle m'aurait fait seulement comme à d'*autres* une révérence cérémoniale, sans dire un mot, ne faisant plus nulle attention à moi, ne me regardant qu'avec dédain.... Vous comprenez sûrement ce que je veux dire. Si j'avais été traitée ainsi, il ne me resterait pas l'ombre d'espérance, je n'aurais même pas pu rester en sa présence. Je sais que, lorsqu'on lui déplait, elle est très-violente, et n'en revient jamais.

Elinor n'eut pas le temps de répliquer quelque chose à son malin triomphe. La porte s'ouvrit ; le laquais annonça M. Ferrars qui entra immédiatement.

Ce fut un moment très-pénible pour les uns et pour les autres ; tous les trois eurent l'air très-embarrassé. Edward paraissait avoir plus envie de reculer que d'avancer. Ce qu'ils désiraient tous d'éviter, une rencontre en tiers, arrivait de la manière la plus désagréable. Non-seulement ils étaient tous les trois ensemble, mais ils y étaient sans le moindre intermédiaire, sans personne qui pût soutenir l'entretien, et venir à leur secours. Les dames se remirent les premières. Ce n'était pas à Lucy à se mettre en avant ; vis-à-vis de lui l'apparence du secret devait encore être gardée. Elle ne fit donc que le regarder tendrement, le saluer légèrement, et garder le silence. Elinor qui le voyait pour la première fois depuis leur arrivée et qui ne devait pas avoir l'air de rien savoir, avait un rôle bien plus difficile. Mais autant pour lui que pour elle, elle désirait si vivement d'avoir un maintien naturel, que passsé le premier moment elle put le saluer d'une manière aisée et presque comme à l'ordinaire. Un second effort sur elle-même la rendit si bien maîtresse de ses impressions, que ni son regard, ni ses paroles, ni le son de sa voix ne purent trahir ce qui se passait dans son intérieur. Elle ne voulut pas que la présence de Lucy l'empêchât de témoigner à un ancien ami, son plaisir de le revoir; et son regret de ne s'être pas trouvée à la maison quand il y était venu. Ni les regards pénétrans de sa rivale, ni l'embarras de sa position, ni son dépit secret ne la détournèrent de remplir ce qu'elle regardait comme un devoir envers le frère de sa belle-sœur, et l'homme qu'elle estimait. Cette manière donna quelque assurance à Edward, et le courage de s'avancer et de s'asseoir. Mais son embarras dura beaucoup plus long-temps ; ce qui au reste lui était naturel, quoique très-rare chez la plupart des hommes, qui ne se laissent pas influencer par des rivalités de femmes, dont leur amour-propre jouit. Mais Edward n'était pas susceptible de ce genre de vanité ; et pour être tout-à-fait à son aise dans cette circonstance, il fallait ou l'insensibilité de Lucy ou la conscience sans reproche d'Elinor ; et le pauvre Edward n'avait ni l'un ni l'autre de ces moyens de tranquillité.

Lucy avec une mine froide, réservée, semblait déterminée à observer, à écouter et à ne point se mêler d'un entretien où naturellement elle devait être étrangère. Edward ne disait que des monosyllabes, en sorte que la conversation reposait en entier sur Elinor, et qu'elle en était seule chargée. Elle fut obligée de parler la première de la santé de sa mère, d'Emma, de leur arrivée à Londres, de leur séjour, de tout ce dont Edward aurait dû s'informer, s'il avait pu parler.

Après quelques minutes, ayant elle-même besoin de respirer, et voulant laisser quelques momens de liberté aux deux amans, sous le prétexte de chercher Maria, elle sortit héroïquement, et resta même quelque temps dans le vestibule avant d'entrer chez sa sœur. Maria n'eut pas la même discrétion ; dès qu'elle eut entendu le nom d'Edward, elle courut immédiatement au salon. Le plaisir qu'elle eut en le voyant lui fit oublier un instant toutes ses peines ; il fut, comme tous ses sentimens, très-vif et exprimé avec chaleur. Cher Edward, lui dit-elle en lui tendant la main avec toute l'affection d'une sœur et d'une amie, enfin vous voilà ! Combien je m'impatientais de vous revoir ! et ce moment me dédommage de tout.

Edward était dans une extrême émotion ; il aurait voulu exprimer ce qu'il sentait, mais devant un tel témoin, qui prêtait toute son attention pour ne perdre ni un regard ni une parole, qu'aurait-il pu dire? Il pressa doucement la main de Maria sans répondre. Puis on se rassit; et pour un moment chacun garda le silence les yeux baissés, à l'exception de Maria qui regardant avec sensibilité tantôt Edward, tantôt Elinor, aurait voulu réunir leurs mains dans les siennes, que leur bonheur lui tînt lieu du sien propre, et qui regrettait seulement que le plaisir de se retrouver fût troublé par la présence importune d'un tiers aussi étranger, aussi indifférent que Lucy.

Edward parla le premier; ce fut pour exprimer son inquiétude sur le changement de Maria. Vous n'avez pas, lui dit-il, l'air de santé que vous aviez à Barton. Je crains que la vie de Londres ne vous convienne pas.

— Oh! ne pensez pas à moi,

lui dit-elle avec le ton de la gaîté, quoique ses yeux se remplissent de larmes au souvenir des jours heureux qu'elle avait passés à Barton ; ne songez pas à moi. Elinor est très-bien, vous le voyez; c'est assez pour vous et pour moi.

Ce mot touchant n'était pas fait pour mettre plus à l'aise Elinor et Edward, ni pour se concilier l'amitié de Lucy qui lança à Maria un regard indigné dont celle-ci ne s'aperçut pas.

— Est-ce que vous aimez le séjour de Londres? reprit Edward pour dire quelque chose et pour détourner la conversation sur un autre sujet.

—Non, pas du tout, répondit Maria; j'en attendais beaucoup de plaisir, je n'y en ai trouvé aucun. Celui de vous voir, cher Edward, est le premier que j'aie goûté. Je remercie le ciel de ce que nous vous retrouvons toujours le même; et un profond soupir suivit ces mots.

Elle s'arrêta; et personne ne continua. Je pense une chose, ma chère Elinor, reprit-elle, puisque nous avons retrouvé Edward, nous nous mettrons sous sa protection pour retourner à Barton. Dans une semaine ou deux tout au plus nous serons prêtes à partir. Je suppose, et je suis bien sûre, Edward, que vous accepterez d'être notre protecteur dans ce petit voyage, et que vous voudrez bien nous accompagner.

Le pauvre Edward murmura quelques mots que personne ne comprit, peut-être pas lui-même. Lucy rougit, puis pâlit, et toussa vivement. Un regard d'Edward moitié sévère, moitié suppliant, la calma. Il était vraiment au supplice. Maria qui vit son agitation, la mit absolument sur le compte de l'impatience et du dépit que lui faisait éprouver la présence d'une étrangère dans ce moment de réunion, et parfaitement satisfaite de lui, elle voulut à son tour le calmer, en insinuant à Lucy d'abréger sa visite.

— Nous avons passé hier la journée entière à Harley-Street chez votre sœur et la nôtre, lui dit-elle. Ah! quelle longue journée! j'ai cru qu'elle ne finirait jamais..... mais j'ai beaucoup de choses à vous dire à ce sujet qu'on ne peut dire actuellement..... enfin cette journée fut plus pénible qu'agréable. Mais pourquoi n'y étiez-vous pas, Edward? ç'aurait été plus agréable pour nous. Pourquoi n'y êtes-vous pas venu ?

— J'avais le malheur d'être engagé ailleurs.

— Bon ! engagé ! on se dégage de tout quand on peut être avec des amies comme Elinor et Maria.

Le moment parut propice à la méchante Lucy, pour se venger de Maria. — Vous pensez peut-être, mademoiselle, lui dit-elle, que les hommes ne sont point tenus de garder leurs engagemens, quand il leur vient dans la tête de les rompre.

Elinor rougit de colère; mais Maria parut entièrement indifférente à cette attaque, et répliqua avec calme : non en vérité, je ne crois point du tout ce que vous dites. Je suis très-sûre que c'est la fidélité à un engagement plus ancien qui a empêché Edward de venir hier voir sa sœur ; je crois réellement qu'il a la conscience la plus délicate et la plus scrupuleuse qu'on puisse avoir, et qu'il ne manquera jamais de sa vie à une promesse donnée, lors même que ce serait contre son intérêt ou son plaisir. Je n'ai jamais connu quelqu'un qui craignît davantage de causer à qui que ce soit la moindre peine, de ne pas répondre à ce qu'on attend de lui, de ne pas remplir tous ses devoirs importans ou non sans subterfuge, et quoi qu'il puisse lui en coûter : voilà comme est Edward ; et je dois lui rendre cette justice. Comme vous avez l'air confus et peiné, Edward! Quoi! n'avez-vous jamais entendu faire votre éloge? si vous le craignez, vous ne devez pas être mon ami;

car il faut que ceux qui acceptent mon estime et mon amitié se soumettent à entendre, devant eux-mêmes, tout ce que je pense d'eux, soit en bien soit en mal.

Tout ce qu'elle dit convenait si bien au cas actuel; et il fut si difficile à Edward de le supporter, que ne pouvant plus soutenir sa position, il se leva et voulut sortir.

— Nous quitter aussitôt! dit Maria, non, mon cher Edward, cela ne se peut. Rasseyez-vous, et restez, je vous en conjure; et, le tirant un peu à l'écart, elle lui dit à l'oreille en jetant un coup-d'œil sur Lucy : attendez qu'elle soit partie, je vous en supplie! elle s'en ira bientôt; il y a des siècles qu'elle est là. Mais cette invitation manqua son effet. Il n'en sortit pas moins ; et Lucy qui était décidée à ne pas partir la première, fût-il resté deux heures, s'en alla bientôt après lui. Maria était de si mauvaise humeur qu'elle la salua à peine.

— Qu'est-ce donc qui peut l'attirer si souvent ici, dit-elle à sa sœur, dès que Lucy eut tourné le dos ? ne pouvait-elle pas voir facilement comme nous désirions tous son départ ? Combien Edward était tourmenté !

— Pourquoi donc, dit Elinor, Lucy serait-elle une étrangère pour lui ? il a demeuré chez son oncle près de Plymouth ; il la connaît depuis plus long-temps que nous : il est très-naturel qu'il ait aussi du plaisir à la voir. Du plaisir ! Edward du plaisir à voir Lucy Stéeles qu'il a vue peut-être deux ou trois fois comme une petite fille! Si même il l'a remarquée et reconnue, ce que je ne crois pas à l'air qu'il avait avec elle, il aurait bien voulu la voir loin d'ici. Je ne sais pas, Elinor, quelle est votre idée en me parlant d'Edward avec cette indifférence, ou en le supposant indifférent lui-même au plaisir d'être avec vous? il n'y avait qu'à le voir pour sentir comme il était tourmenté. Aussi ai-je été aujourd'hui très-contente de sa manière, et très-mécontente de la vôtre, Elinor. Pas un mot d'amitié, pas un effort pour le retenir ou pour faire en aller Lucy. Si c'est là ce qu'on appelle être sage et prudente, que le ciel me préserve de l'être! moi je dis que c'est ingratitude ou fausseté. Ce pauvre Edward, comme il avait l'air malheureux! Je ne sais comment vous avez eu le courage de le laisser sortir ainsi. Elle se retira elle-même en disant cela. Elinor en fut bien aise ; elle n'aurait su que lui répondre, liée comme elle l'était par sa promesse à Lucy de garder son secret ; et quelque pénibles que fussent pour elle l'erreur de Maria et les propos qui en étaient la suite, elle était forcée de s'y soumettre. Son seul espoir était qu'Edward ne s'exposerait pas souvent à renouveler un entretien aussi cruel, et qu'il ferait tous ses efforts pour l'éviter. Mais elle-même ! pourrait-elle alors se dérober aux conjectures, aux plaintes, et même aux reproches de Maria sur la rareté des visites d'Edward. Sous tous les rapports Elinor était vraiment très-malheureuse, et elle avait besoin de tout son courage pour supporter une situation aussi désagréable, et qui suivant les apparences durerait encore longtemps.

CHAPITRE XXXVII.

Peu de jours après cette rencontre les papiers-nouvelles annoncèrent au public que madame Charlotte Palmer, femme de M. Thomas Palmer, écuyer, était heureusement délivrée d'un fils: très-intéressant article pour la bonne grand'mère Jennings, qui le savait déja puisqu'elle avait assisté à la naissance du petit héritier, mais qui n'en eut pas moins de plaisir à le lire sur les papiers.

Cet évènement qui la rendait heureuse au suprême degré, produisit quelque changement dans l'emploi de son temps, et dans la vie de ses jeunes amies. Elle voulait être autant que possible auprès de la nouvelle maman et de ce cher petit nouveau-né, qu'elle aimait déja à la folie; elle y allait chaque matin dès qu'elle était habillée, et ne rentrait chez elle que très-tard dans la soirée. Elle pria sa fille aînée, lady Middleton, d'inviter mesdemoiselles Dashwood à passer de leur côté toute leur journée chez elle à Conduit-Street. Elles auraient bien préféré rester au moins la matinée dans la maison de madame Jennings; mais elles n'osèrent pas le demander, ni se refuser à l'invitation polie de lady Middleton. Elles passèrent donc leur temps avec cette dame et les demoiselles Stéeles, qui ne leur plaisaient ni à l'une ni à l'autre, et qui ne sentaient pas non plus le prix de leur société. Lady Middleton se conduisait avec une extrême politesse qui n'était même que des complimens sans fin et des cérémonies très-ennuyeuses ; mais dans le fond elle ne les aimait pas du tout. D'abord elles ne gâtaient ni ne louaient les enfans ; puis elles aimaient la lecture, que lady Middleton ne regardait que comme une chose qui fait perdre du temps. Aussi trouvait-elle Elinor trop instruite, trop raisonnable, quoiqu'elle n'affichât jamais l'instruction, et qu'elle ne fit point parade de sa raison. Comme elle passait pour être à-la-fois bonne, spirituelle et bien élevée, lady Middleton croyait qu'elle était la seule dont on pût vanter le bon ton et la bonne éducation. Elle trouvait Maria capricieuse et satyrique, sans trop savoir peut-être ce que signifiaient ces deux mots. Mais enfin comme elles étaient en visite chez sa mère qui les lui avait recommandées, elle les accablait d'honnêtetés et d'attentions, au grand désespoir des deux Stéeles, qui croyaient que c'était autant qu'on leur ôtait, et qu'elles seules avaient droit à l'amitié de leur *cousine lady Middleton*. La présence de mesdemoiselles Dashwood les gênait. Lady Middleton était honteuse de ne rien faire devant elles, et Lucy de faire trop. Celle-ci s'était fort bien aperçue que ses flatteries continuelles leur faisaient pitié, et n'osait pas s'y livrer sans la moindre retenue, comme à son ordinaire, en leur présence. Mademoiselle Anna était celle qui en souffrait le moins. Il n'aurait même tenu qu'à mesdemoiselles Dashwood de la captiver entièrement. Elles n'auraient eu pour cela qu'à lui confier en détail toute l'histoire de Willoughby et de Maria, dont elle était fort curieuse, et la plaisanter sur M. Donavar, le médecin de la maison, qu'on faisait venir au moindre petit mal des enfans, et sur qui la grosse Anna avait fondé toutes ses prétentions ; c'était alors l'éternel sujet des railleries de sir Georges. Docteur, disait-il, quand Donavar entrait, tâtez, je vous prie, le pouls de mademoiselle Anna, vous allez le trouver bien ému ; voyez comme son teint s'anime ! elle a beaucoup de fièvre, j'en suis sûr ; et votre pouls, docteur, n'est pas beaucoup plus tranquille. Alors Anna baissait ses petits yeux, d'un air enfantin et modeste, puis les relevait tous pétillans sur le docteur. En général, elle n'était jamais plus contente que lorsque sir Georges commençait de parler de lui. Il y a trois jours que le docteur n'est venu, Anna, lui disait-il; vous allez en maigrir: faites pleurer Williams ou Sélina, la maman l'enverra bientôt chercher. Il ne demandera pas mieux que d'avoir un prétexte de vous rendre ses hommages, etc. etc. Elle avalait tout cela avec délice, et ne doutait pas d'avoir fait cette conquête.

Elinor qui souffrait de la voir tourner en ridicule, n'y ajoutait rien; tandis que la grosse Anna à qui ce silence déplaisait, était tout près de la croire jalouse de sa conquête du docteur Donavar. Quand sir Georges dînait dehors, ce qui arrivait assez souvent, la pauvre Anna passait toute la journée, sans entendre d'autres plaisanteries sur le docteur que celles qu'elle se faisait à elle-même.

Ces petites jalousies, ces petits

mécontentemens étaient si ignorés de madame Jennings, qu'elle croyait que ces quatre jeunes filles se délectaient d'être ensemble; et tous les soirs en revenant, elle félicitait ses jeunes amies d'avoir encore échappé ce jour-là à la société de la vieille grand-mère. Elle les rejoignait quelquefois chez sir Georges, où elle venait donner à sa fille aînée des nouvelles de l'accouchée, que l'indifférente lady écoutait à peine; mais n'importe madame Jennings allait son train. Elle attribuait le rétablissement de Charlotte à ses soins, et donnait sur la mère et sur l'enfant des détails minutieux, qui n'intéressaient que la curiosité d'Anna. Heureuse de faire entrer là son cher docteur, qui était aussi celui des Palmer, celle-ci racontait à son tour ce qu'il lui avait dit à ce sujet. Ne vous a-t-il pas dit aussi, s'écriait madame Jennings, comme mon petit-fils est bien venu, qu'il est gras et beau comme un petit ange, qu'il ressemble à Charlotte et à Palmer. Mais une seule chose m'afflige, c'est que son père, qui est bon cependant, assure que tous les enfans de cet âge sont de même, et ne veut pas convenir que le sien soit le plus bel enfant du monde; sans vous déplaire, Mary, vos enfans sont très-bien, mais ils n'en approchent pas.

— Il est impossible, dit Lucy en caressant la petite, que qui que ce soit au monde l'emporte en beauté sur Sélina.

Lady Middleton un peu consolée, lui accorda toutes ses bonnes graces et lui fit un joli présent dans la soirée; de manière que Lucy trouva que le métier de flatteuse était bon et facile.

La liaison qui s'était établie entre les maisons Middleton et Dashwood occasionnait de fréquentes rencontres. Un jour qu'Elinor et Maria étaient en visite chez leur belle-sœur, il y vint une dame du haut rang, qui ne connaissant point les particularités de cette famille, ne mit pas en doute qu'ils ne logeassent tous ensemble. Deux jours après, cette dame donnant un concert, envoya chez madame John Dashwood des cartes d'invitation pour elle et pour ses belles-sœurs. Madame John n'y vit d'abord que le désagrément de leur envoyer sa voiture et l'ennui de les y accompagner; lady Middleton n'y étant pas invitée, elles ne pouvaient y aller seules. Fanny se promit bien de dire à tout le monde que ses belles-sœurs ne logeaient pas chez elle. Maria par l'habitude de faire le jour ce qu'elle avait fait la veille même et par l'indifférence qu'elle mettait à faire une chose plutôt qu'une autre, avait été amenée par degré à reprendre le genre de vie de Londres et à sortir tous les soirs, sans attendre ni désirer le moindre amusement, et souvent sans savoir jusqu'au dernier moment où elle allait. Sa toilette l'occupait si peu, que si sa sœur n'y avait pas pensé pour elle, elle serait restée dans sa robe du matin. Mais quand, après un ennui qu'elle supportait à peine, elle était enfin parée, commençait un autre supplice ; c'était l'inventaire que faisait Anna Stéeles de toutes les pièces de son ajustement l'une après l'autre. Rien n'échappait à son insatiable curiosité et à sa minutieuse observation. Elle voyait tout, elle touchait tout, elle voulait savoir le prix de tout, elle calculait le nombre des robes de Maria, et combien le blanchissage devait lui coûter par semaine, et à combien sa toilette devait lui revenir par an. Maria en était excédée; mais ce qui lui déplaisait plus encore était le compliment qui suivait toujours cet examen. « Eh bien, miss Maria, vous voilà très-bien mise et très-belle encore, quoiqu'on en dise : Consolez-vous, c'est moi qui vous le promets, vous allez faire encore bien des conquêtes ; et tous les jeunes gens ne seront peut-être pas légers et perfides. Mademoiselle Elinor est très-bien aussi. A présent que vous avez si fort maigri, on ne dirait pas qu'elle est l'aînée; et elle aura bien sa part d'adorateurs ».

Avec de tels encouragemens elles attendaient ce soir-là le carosse de leur frère. Comme elles étaient prêtes, elles y entrèrent sur-le-champ au grand désespoir de Fanny qui avait espéré qu'elles ne le seraient pas encore et qu'elle pourrait rejeter le retard sur ses belles-sœurs.

Les évènemens de cette soirée ne furent pas remarquables. Le concert d'amateurs, était, comme ils le sont d'ordinaire extrêmement médiocre, quoique, dans leur propre estime et dans celle de la dame qui les avait rassemblés, ce fussent les premiers talens d'Angleterre. Au reste, à Maria près qui était très-forte sur le piano, mais qui ne faisait nulle attention à la musique, le reste de l'assemblée était peu en état d'en juger. On était là plutôt pour voir et se faire voir, que pour écouter. Aussi Elinor qui n'était point musicienne et n'y avait nulle prétention, ne se fit pas scrupule de détourner ses yeux de l'amphithéâtre de musique pour regarder d'autres objets. Dans le nombre des femmes elle en remarqua une à l'excès de sa parure, d'ailleurs très-peu jolie, mais grande et bien faite, et entourée de tous les élégans, parmi lesquels elle eut bientôt reconnu Robert Ferrars à son costume exagéré et à sa lorgnette avec laquelle il regardait toutes les femmes, avec une fatuité insupportable. Bientôt son tour vint d'être regardée; et Robert lui-même s'avança avec nonchalance, et s'assit à côté d'elle. Bonjour, ma vieille connaissance, lui dit-il d'un ton léger.

— Monsieur, vous vous méprenez sans doute, lui dit Elinor, surprise de ce ton ; je n'ai pas du tout l'honneur de vous connaître.

— Allons donc, vous plaisantez ; n'avons-nous pas passé une heure ensemble chez Grays, l'autre matin ? Je vous reconnus à l'instant l'autre soir chez votre frère, qui je crois est le mien aussi: ainsi vous voyez que nous sommes intimes. D'ailleurs, dit-il, en souriant d'un air qu'il croyait bien fin, je suis aussi le frère d'Edward; et l'on assure que vous ne le haïssez pas du tout, et qu'il est encore plus que moi votre ancienne connaissance.

— Monsieur, je ne hais personne, et nullement Edward Ferrars que j'aime et que j'estime depuis long-temps.

— Eh bien, d'honneur ! c'est

très naïf, dit Robert en éclatant de rire. Vous me prenez pour confident! Je suis peu accoutumé à ce rôle, mais je m'y ferai, et en ami, je veux vous donner un conseil; c'est de ne plus penser à Edward : sa mère a d'autres vues. D'ailleurs il est impossible, absolument impossible que vous le trouviez aimable.

— Monsieur, dit Elinor avec fermeté, sans avoir sur lui aucune prétention qui puisse contrarier les vues de madame Ferrars, je trouve *son fils aîné* très-aimable; et il me le paraît plus encore, depuis que je le compare à d'autres.

— Ah bien, par exemple! c'est très-plaisant ce que vous dites-là. On ne s'attendait pas à ce qu'Edward gagnât à être comparé à d'autres. Allons, convenez donc qu'il est impossible d'être plus gauche, plus maussade, mis avec moins de goût. Il faudrait une étrange prévention pour nier cela.

— J'ai cette prévention, monsieur, et malgré votre éloge fraternel, je persiste à la croire très-bien fondée.

— Allons, allons, vous plaisantez, je vois cela. Puis-je vous offrir une pastille, mademoiselle Dashwood, dit il, en ouvrant une petite bonbonnière d'écaille blonde à étoiles d'or? A propos n'avez-vous pas envie de voir la boîte à cure-dents que je commandais l'autre jour? Délicieuse! parole d'honneur, elle a réussi à ravir. Grays est unique pour saisir mes idées.... Mais pardon, madame Willoughby m'appelle.

— Madame Willoughby! s'écria Elinor, où donc est-elle?

— Là; cette femme si bien mise. Personne à Londres ne se met comme elle. J'excepte cependant cette charmante toque que je vis l'autre soir sur la tête de je ne sais qui. Vous y étiez je crois? d'honneur! Cette coiffure m'a tourné la tête. Comment se nomme la jeune personne?

— Mademoiselle Lucy Stéeles, une nièce de M. Pratt chez lequel votre frère a demeuré.

— Ah Dieu! M. Pratt. Ah! je vous en conjure, mademoiselle, si vous ne voulez pas que je meure de vapeurs, ne me parlez pas de M. Pratt! c'est grâce à lui qu'Edward est si complètement maussade. Je l'ai dit souvent à madame Ferrars : ne vous en prenez qu'à vous, ma mère, si votre fils aîné est à peine présentable dans le beau monde ; si vous l'aviez envoyé comme moi à Westminster au lieu de le remettre aux soins de M. Pratt, vous voyez ce qu'il serait. Elle est convaincue de son erreur ; mais c'est trop tard ; le pli est pris.

Elinor ne répondit rien ; elle n'aurait pas voulu qu'Edward ressemblât à son frère, mais son séjour chez l'oncle de Lucy Stécles ne lui était guère plus agréable.

Enfin l'élégant Robert la quitta et lui fit plaisir ; elle était sur les épines en pensant que Maria pourrait voir madame Willoughby ou seulement entendre son nom, et que Willoughby peut-être était lui-même dans le salon ; cependant elle ne l'avait point aperçu. Elle regarda encore ; il n'y était pas ; et Maria émue par la musique, plus rêveuse, plus mélancolique encore qu'à l'ordinaire, n'avait rien vu, rien entendu. Elinor aurait voulu la prévenir, mais elle n'était pas à côté d'elle. Heureusement que Fanny qui n'aimait pas la musique, et qui s'ennuyait, avait demandé ses chevaux de bonne heure, et elle se retira avec ses belles-sœurs avant la fin du concert, et sans que Maria se fût doutée que madame Willoughby y était. Elles laissèrent à leur porte M. et madame Dashwood, et retournèrent chez madame Jennings qui les attendait.

Le soir même M. John Dashwood eut avec sa femme un entretien aigre-doux qui avait pour objet mesdemoiselles Dashwood. Pendant le concert, qui ne l'amusait pas plus qu'elle, il avait eu le temps de réfléchir; et une idée l'avait frappée. La maîtresse de la maison, lady Dennison avait supposé que ses sœurs demeuraient chez lui : il était donc convenable qu'elles y fussent, et il manquait aux devoirs d'un frère, en laissant ses sœurs loger et manger chez des étrangers. L'opinion avait un grand pouvoir sur lui ; d'un autre côté sa conscience lui reprochait si souvent de n'avoir point tenu la promesse faite à son père, qu'il crut devoir l'appaiser, en les prenant quelques temps chez lui. La dépense serait peu de chose ; Elinor était petite mangeuse, et Maria, si languissante. A peine furent-ils rentrés qu'il en fit la proposition à sa femme, qui en frémit de tout son corps, et tâcha de parer le coup. — Je ne demanderais pas mieux, mon cher John ; vous savez combien j'aime tout ce qui tient à vous. Mais voyez dans ce moment-ci, je craindrais d'offenser beaucoup lady

Middleton chez qui elles passent toutes leurs journées; il serait tout-à-fait malhonnête de la priver de leur compagnie. J'en suis très-fâchée; car vous voyez combien j'aime à être avec vos sœurs, mon cher John, à les produire dans le monde, à leur prêter ma voiture.....

— Oui, oui, je vous rends justice, chère Fanny; mais dans cette occasion, je ne sens pas la force de votre objection. Elles ne demeurent point chez lady Middleton; et sous aucun rapport, elle ne peut-être fâchée qu'elles viennent passer quelques jours chez leur belle-sœur. Vous voyez que tout le monde pense que cela doit être ainsi.

— Oui, oui lady Dennison qui ne sait ce qu'elle dit. Enfin, mon cher, vous avez toujours raison;

et je crois comme vous que cela conviendrait; mais malheureusement j'ai invité mesdemoiselles Stéeles à passer quelque temps avec nous. Ce sont de bonnes filles, très-complaisantes, point gênantes, dont on fait tout ce qu'on veut, et c'est une attention que je leur devais, mon frère Edward ayant été élevé chez leur oncle Pratt, ainsi que je l'ai appris l'autre jour. Nous pouvons avoir vos sœurs quand nous voudrons, soit à Norland, soit un autre hiver à Londres. Peut-être mesdemoiselles Stéeles n'y reviendront plus. Enfin je les ai déjà invitées; et plus elles sont dépendantes et sans fortune, plus on leur doit d'égards. Vous qui avez tant de délicatesse et de générosité, mon cher John, vous sentez cela mieux que personne, j'en suis sûre ; je le suis aussi qu'elles vous amuseront beaucoup plus que vos sœurs ; elles sont gaies et très-gentilles. Ma mère est passionnée de Lucy, et c'est aussi la favorite de notre cher petit Henri.

Que répondre à de tels argumens ? M. Dashwood fut convaincu ; il convint de la nécessité d'avoir les demoiselles Stéeles ; et sa conscience s'appaisa par le souvenir du beau dîner qu'il avait donné au colonel Brandon, et par l'espoir que l'année suivante Elinor serait madame Brandon, aurait une bonne maison à Londres, et que Maria vivrait avec elle. Fanny tout à-la-fois contente d'être échappée au malheur d'avoir ses belles-sœurs, et fière de l'esprit qu'elle y avait mis, écrivit le matin suivant un billet à Lucy qu'elle antidata de deux jours, et où elle la priait ainsi que mademoiselle Anna de lui faire le plaisir de venir passer quelques jours chez elle, aussitôt que lady Middleton voudrait les lui céder. On comprend combien Lucy fut heureuse. Aller demeurer chez la sœur d'Edward, qui en l'invitant semblait travailler pour elle! on peut cette fois pardonner à Lucy de se livrer à l'espoir. Une occasion journalière de voir Edward, de gagner l'amitié de sa famille, lui parut une chose si essentielle, qu'il ne fallait pas différer. Après avoir fait sentir à sa sœur l'avantage qui pouvait en résulter, elle la fit consentir d'autant plus facilement à quitter les Middleton, que le docteur Donavar était aussi le médecin des Dashwood, et de plus lié particulièrement avec John. L'espoir de le voir plus sourent la consola de n'avoir plus à entendre les railleries de sir Georges. Elles se préparèrent donc à y aller dès le lendemain. Lady Middleton en prit son parti avec l'indifférence qu'elle mettait à tout ce qui ne la regardait pas directement.

On comprend qu'à peine Elinor fut arrivée, que Lucy lui montra en triomphe le pressant billet de Fanny; et pour la première fois elle partagea l'espérance de Lucy. Une telle preuve de bonté, une prévenance si marquée avec de jeunes personnes que Fanny connaissait aussi peu, elle qui, à l'ordinaire était si peu obligeante, témoignaient que l'on avait du moins beaucoup de bonne volonté et de bienveillance, qui avec le temps et l'adresse de Lucy pourraient mener à quelque chose de plus. Comme Elinor ignorait le projet que son frère avait eu de les inviter, il ne lui vint pas dans l'idée que mesdemoiselles Stéeles eussent servi de prétexte à Fanny pour ne pas les recevoir. Elles y allèrent donc dès le lendemain, et furent reçues de manière à laisser tout croire de l'effet de cette préférence. Fanny avait fait sentir à son mari qu'il était très-dangereux de rapprocher Elinor d'Edward dans un moment où on traitait de son mariage, au lieu que les petites Stéeles, qu'il connaissait à peine, étaient à tout égard sans danger pour lui. Quant à elle-même elle en faisait deux complaisantes assidues qui lui faisaient ses chiffons, servaient le thé, arrangeaient le feu, ramassaient son mouchoir, amusaient son enfant; elle trouvait toutes ces attentions serviles très-agréables et très commodes. Sir Georges qui les allait voir quelquefois, ne parlait que de l'amitié de madame John Dashwood pour ses petites cousines. Elle était plus enchantée d'elles, et surtout de Lucy qu'elle ne l'avait jamais été de toute autre jeune personne; elle ne les appelait plus que *sa chère Lucy, sa chère Anna*, leur avait fait présent à chacune d'un petit porte-feuille d'aiguilles, et disait qu'elle ne savait comment elle ferait pour se séparer de ses aimables et chères amies.

CHAPITRE XXXVIII.

Madame Palmer était si bien au bout de quinze jours, que sa mère ne trouva plus nécessaire de lui donner tout son temps, et se contenta de la visiter une ou deux fois par jour. Elle revint à sa maison, à ses habitudes, à ses jeunes amies, à qui elle racontait avec soin tout ce qu'elle apprenait dans ses courses. La troisième ou quatrième matinée, en revenant de chez sa fille, elle entra dans le salon, où Elinor travaillait seule, avec un air d'importance, comme pour la préparer à entendre quelque chose d'extraordinaire.

— Bon Dieu! ma chère Elinor,

est-ce que vous savez la nouvelle ?

Elinor eut un instant l'idée qu'elle voulait parler du retour de Willoughby, dont elle avait déja prévenu Maria; elle le lui dit.

— Mon Dieu non, ma chère, il sagit bien d'autre chose vraiment ! Qu'est-ce que me font les Willoughby à présent ? Rien du tout je vous assure ; je les laisse pour ce qu'ils sont. Qu'ils aillent, qu'ils viennent peu m'importe. Mais ce que je viens d'apprendre, devinez-le si vous pouvez en cent, en mille.

— Ce sera peut être plutôt fait de me le dire, chère dame, dit en riant Elinor.

— Allons, allons je le veux bien ; c'est si étrange ! écoutez donc. Quand je suis entrée chez Charlotte, je l'ai trouvée, la pauvre petite mère, fort en peine pour son enfant. Elle croyait qu'il allait mourir, il criait, il ne voulait rien prendre et était tout couvert de petits boutons rouges. Je l'examinai, et je lui dis : Eh mon Dieu ! ma chère Charlotte, calmez-vous, ce n'est rien au monde que la rougeole; et la nourrice dit de même. Mais madame Palmer ne fut pas contente qu'on n'eût envoyé chercher le docteur Donavar. On y alla, et on eut le bonheur de le trouver précisément comme il revenait de Harley-Stréet, de chez votre frère. Il vint à la minute et dit comme moi que c'était la rougeole, qu'il n'y avait rien à craindre; alors Charlotte a été bien contente. Elinor l'écoutait avec intérêt, mais ne pouvait s'empêcher de sourire de l'importance de cette nouvelle de grand'mère. — M'y voici, dit la bonne Jennings, à ma nouvelle. Comme le docteur sortait, je m'avisai de lui dire en riant : Ah! ah! docteur, je sais fort bien ce qui vous attire si souvent à Harley-Stréet chez M. John Dashwood; vous courtisez Anna Stéeles, m'a-t-on dit, et nous deviendrons cousins peut-être. Il rit aussi ; puis reprenant un air grave et mystérieux, il s'approcha de moi, et me dit : Ce n'est point du tout pour mademoiselle Anna que je suis allé aujourd'hui chez John Dashwood, c'est pour sa femme qui est mal, très-mal je vous assure.

— Bon Dieu! s'écria Elinor, Fanny est malade.

— Voilà exactement ce qu'il m'a dit, ma chère; et j'ai crié tout comme vous, quoique je ne l'aime guères; mais quand on est malade ou mort tout s'oublie.

— Rassurez-vous, madame, m'a-t-il répondu, et rassurez aussi les jeunes miss Dashwood; leur belle-sœur n'en mourra pas puisque la colère ne l'a pas étouffée; mais elle n'en a pas été loin.

— La colère! Fanny! eh mon Dieu! contre qui? dit Elinor.

— J'ai demandé la même chose, et voici ce que j'ai appris. M. Edward Ferrars, le frère aîné de madame Dashwood, ce même jeune homme sur lequel je vous raillais à Barton, vous savez bien, mais à présent je serais bien fâchée que vous lui eussiez donné votre cœur! (Elinor ne demanda plus rien, elle écouta dans une grande émotion) eh bien! cet Edward Ferrars, ne vous aimait point, ma chère; il paraît qu'il était engagé depuis long-temps avec ma cousine Lucy. Pas une créature humaine ne s'en est doutée, excepté Anna. Auriez-vous cru cela possible ? Quant à leur amour il n'y a rien là d'extraordinaire : Lucy est gentille, elle est vive, alerte, et précisément de cette espèce de jeunes filles qui plaisent aux garçons timides, parce qu'elles font toutes les avances. Mais que cette amourette soit allée si loin et depuis si long-temps, sans que personne l'ait su ni soupçonné, c'est cela qui est étrange. Je ne les ai jamais vus ensemble, car je suis bien sûre que je l'aurais tout de suite deviné. Mais ce grand secret était si bien gardé que ni madame Ferrars, ni votre belle-sœur ne le soupçonnaient, ni personne au monde. C'était dans la famille à qui caresserait le plus Lucy; Edward y venait fort peu. Voilà que ce matin la pauvre Anna, bonne fille sans malice comme vous savez a découvert le pot aux roses.

Ils sont tous si passionnés de Lucy, pensait-elle, que je suis sûre qu'il n'y aura pas la moindre difficulté, et que madame Dashwood va sauter de joie. Ce matin donc elle est entrée auprès de votre belle-sœur, qui était seule dans son cabinet, et qui ne se doutait guères de ce qu'elle allait apprendre. Il n'y avait pas cinq minutes qu'elle avait dit à son mari que son frère paraissait à présent indifférent pour toutes les femmes, et qu'elle était sûre qu'on l'amènerait bientôt à épouser milady, je ne sais qui, et voilà qu'Anna lui dit comme la plus belle chose du monde qu'il est engagé avec Lucy. Vous pouvez penser quel coup c'était pour son orgueil et sa vanité! Elle s'est mise dans une telle fureur qu'il lui a pris de violens maux de nerfs, et elle poussait de tels cris, que votre frère qui était en bas dans sa chambre, écrivant à son intendant de Norland, les a entendus. Il est accouru vers sa pauvre femme; alors une autre scène a commencé. Lucy entra aussi tout effrayée pour donner des secours à sa chère Fanny : jugez comme elle fut reçue ! Pauvre petite! je la plains beaucoup; et elle n'a pas été traitée doucement j'en réponds, car votre sœur était, dit-on, comme une furie, et n'a cessé ses injures que lorsqu'un nouvel accès la fait évanouir. Anna était à deux genoux en pleurant amèrement, et quand on y pense bien c'était la plus malheureuse; tout le monde la grondait; sa sœur au désespoir qu'elle eût trahi son secret, l'a battue, dit-on, avant de sortir de la chambre; et elle n'a pas comme Lucy un amant et un mari pour se consoler : le docteur Donavar ne la reverra guères. Votre frère se promenait, allait du haut en bas sans savoir que dire ni que faire. Dès que Fanny put parler, ce fut pour déclarer qu'elle ne prétendait pas que ces *ingrates Stéeles* fussent un instant de plus chez elle. Votre frère fut obligé de se mettre aussi à deux genoux pour lui persuader de les laisser au moins faire leurs paquets. Mais ses accès de maux de nerfs se succédaient d'une manière si effrayante, qu'il prit le parti d'envoyer chercher le docteur Donavar, qui trouva toute la maison en rumeur. Le carosse était à la porte pour emmener mes pauvres cousines chez leurs parens à Holborn; elles descendaient l'escalier, quand il arriva. La pauvre Lucy pouvait à peine marcher; Anna était à moitié folle de douleur. Pour moi je déclare que je suis furieuse contre votre belle-sœur, et que je désire de tout mon cœur qu'ils se marient en dépit d'elle. Bon Dieu! dans quel état sera le pauvre Edward quand il apprendra cela! sa bien-aimée traitée avec ce mépris. On dit qu'il l'aime passionnément, et qu'il sera capable de tout; et je le conçois très-bien. M. Donavar pense de même; nous en avons jasé ensemble, pendant une demi-heure. Enfin il m'a quittée pour y retourner; il avait grande envie d'y être quand madame Ferrars y arrivera. Madame Dashwood l'a fait prier de venir dès que mes pauvres cousines ont été parties ; elle est sûre que sa mère va aussi tomber en syncope : ce qu'il y a de certain c'est que ce ne sera pas moi qui la ferai revenir ; je ne les plains ni l'une ni l'autre. Je n'ai encore vu de ma vie deux femmes faire tant de cas du rang et des richesses. Je ne vois pas pourquoi Edward Ferrars n'épouserait pas Lucy Stéeles. Elle n'est pas fille de lord, cela est vrai ; mais ce n'est pas la femme qui fait le mari, et n'a-t-on pas souvent vu de pareils mariages. Ma fille Mary n'est-elle pas milady ; n'en déplaise à ces belles dames ? Lucy n'a rien ou presque rien, c'est vrai aussi ; mais elle a des charmes et du savoir faire. Personne n'est plus gentille dans une maison ; cela met la main à tout, et si madame Ferrars leur donne seulement cinq cents pièces par année, elle brillera autant qu'une autre avec mille. Ah ! comme ils seraient bien dans une petite maison comme la vôtre, ni plus ni moins, avec deux filles pour les servir et un domestique pour le mari ! Que faut-il de plus pour être heureux quand on s'aime ? Et je crois que je pourrais leur procurer une bonne femme-de-chambre, la propre sœur de ma Betty, qui leur conviendrait parfaitement. Ici Madame Jennings arrêta son flux de paroles, et comme Elinor avait eu le temps de rassembler ses idées, elle put répondre comme le sujet le demandait. Il n'y avait presque rien de nouveau pour elle ; elle était préparée à cet événement, et ne fut point soupçonnée d'y prendre un intérêt particulier ; car depuis long-temps madame

Jennings avait cessé de la croire attachée à Edward. Heureuse de l'absence de Maria elle se sentit très-capable de parler de cette affaire sans embarras et de donner son sentiment avec impartialité.

Elle savait à peine elle-même ce qu'elle désirait, mais elle s'efforçait de rejeter de son esprit toute idée que cela pût finir autrement que par le mariage d'Edward et de Lucy. Elle était inquiète de ce que ferait madame Ferrars pour l'empêcher, et bien plus inquiète encore de la manière dont Edward se conduirait. Il n'était plus lié à Lucy par l'amour, elle en était sûre; mais il l'était par l'honneur, et quoique l'idée de le perdre fût bien cruelle, elle l'était moins que celle qu'il pût manquer à un tel engagement. Elle sentait beaucoup de compassion pour lui, très peu pour Lucy, et pas du tout pour les autres.

Comme madame Jennings ne pouvait parler d'aucun autre sujet, il devenait indispensable d'y préparer Maria. Il n'y avait pas de temps à perdre pour la détromper, lui faire connaître l'exacte vérité, et tâcher de l'amener à en entendre parler sans trahir ni son chagrin relativement à sa sœur, ni son ressentiment contre Edward.

La tâche d'Elinor était pénible; elle allait détruire la seule consolation de sa sœur, qui lui disait souvent: Chère Elinor, le meilleur moyen que j'aie pour ne pas m'occuper de Willoughby, c'est de penser à Edward, au bonheur dont vous jouirez ensemble, et de me dire que vous le méritez plus que moi. Et il fallait renverser, anéantir peut-être la bonne opinion qu'elle avait de lui, et par une ressemblance dans leur situation que son imagination rendrait plus frappante qu'elle ne l'était en effet, réveiller en elle le sentiment de ses propres peines. Mais il le fallait, et Elinor se hâta de la joindre et de commencer son récit. Elle était loin de vouloir lui dépeindre ses propres sentimens et lui parler de ses souffrances, à moins que l'exemple de l'empire qu'elle prenait sur elle-même depuisqu'elle connaissait l'engagement d'Edward, ne pût encourager Maria à l'imiter. Sa narration fut claire et simple, et quoiqu'elle ne pût la faire sans émotion, elle ne fut accompagnée ni d'une agitation violente ni d'un chagrin immodéré. Il n'en fut pas de même de Maria, elle l'écouta avec horreur et fit les hauts cris: Elinor fut obligée de la calmer pour ses propres peines, comme elle l'avait fait pour les siennes. Mais tout ce qu'elle put lui dire ne fit qu'augmenter son indignation, que relever encore à ses yeux le mérite d'Elinor, et conséquemment que rendre plus sensible les torts de celui qui s'étoit joué de son bonheur, qui avait pu en aimer une autre qu'elle. Elle n'admettait pas même en sa faveur qu'il n'eût agi que par imprudence, le seul tort que selon Elinor ou pût lui reprocher.

Mais Maria pendant long-temps ne voulut rien entendre. Edward était un second Willoughby et bien plus coupable encore. Puisqu'Elinor convenait de l'avoir aimé sincèrement, elle devait sentir tout ce que Maria avait senti. Quant à Lucy Stéeles, elle lui paraissait si peu aimable, si peu faite pour attacher un homme sensible, qu'elle ne voulait pas d'abord croire, ni ensuite pardonner l'affection qu'elle avait inspirée à Edward, même en considérant que celui-ci n'avait alors que dit-huit ans ; elle ne voulait pas même admettre que ce goût fut naturel chez un homme, vivant seul à la campagne avec cette jeune personne. Il semblait à l'entendre qu'Edward aurait dû garder son cœur libre de tout sentiment jusqu'au moment où il devait voir Elinor.

Maria avait bien écouté sa sœur tant qu'elle avait ignoré qu'Edward était engagé avec Lucy Stéeles; elle ne savait point les détails et n'était pas en état de les entendre. Pendant long-temps tout ce que put faire Elinor, fut de l'adoucir, de calmer son ressentiment. Enfin

Maria lui demanda depuis combien de temps elle savait cet odieux événement, et si c'était Edward qui le lui avait écrit.

— Je le sais depuis quatre mois, dit Elinor, et non par lui. Quand Lucy vint à Barton ce dernier novembre, elle me le confia sous le sceau du secret.

A ces paroles les yeux de Maria exprimèrent le plus grand étonnement ; à peines ses lèvres purent se mouvoir ; enfin elle s'écria : Dieu ! vous le savez depuis quatre mois, et par celle qui l'emportait sur vous. Elinor le confirma. Ah ! chère Elinor, dit elle en fondant en larmes et se jetant au cou de sa sœur ; quoi, pendant que vous m'avez soignée avec tant de tendresse, de calme, de raison, un chagrin si semblable au mien pesait sur votre cœur ! Ah Dieu ! et je vous reprochais d'être heureuse. (Elle cacha son visage sur l'épaule de sa sœur; et ses larmes redoublèrent.)

— Chère Maria, ne vous reprochez rien, vous ne pouviez savoir quels étaient mes tourmens, dit Elinor.

— Quatre mois! s'écria encore Maria, si calme, si souvent gaie. Oh! Elinor! qu'est-ce qui vous à soutenue?

— Le sentiment que je faisais mon devoir. Ma promesse à Lucy m'obligeait au secret; je lui devais donc à elle de ne rien dire ni de ne rien faire qui pût trahir la vérité. Je devais à ma famille, à mes amis de ne pas exciter leur sollicitude sur moi, en leur laissant remarquer que j'avais un chagrin caché, que je ne pouvais leur confier; enfin je me devais à moi-même de ne pas paraître trop humiliée et trop malheureuse aux yeux de ma rivale, et à Edward de ne pas augmenter la peine qu'il aura peut-être à tenir ses promesses.

Maria parut très-frappée. J'ai souvent desiré, continua Elinor, de détromper vous et ma mère sur vos espérances. Une fois ou deux je l'ai même tenté ; mais sans trahir ma foi, sans pouvoir vous donner une preuve positive, vous ne l'auriez pas voulu croire.

— Quatre mois si tranquille en apparence! et cependant vous l'aimiez, dit Maria avec le regard et le ton du doute ?

— Oui je l'aime, répondit Elinor avec candeur et sentiment; mais je ne l'aime pas uniquement, et j'étais bien aise d'épargner à ceux qui me sont chers aussi, le chagrin de me voir malheureuse. Je travaillais en silence, pendant que cet évènement était un secret pour tout le monde, excepté pour moi seule, à le supporter avec courage quand il éclaterait. Ce moment est arrivé, et je vous assure que je puis en parler à présent sans trop d'émotion. Je vous conjure donc, chère Maria, de ne pas souffrir pour moi plus que je ne souffre moi-même. Ne comparez pas votre malheur au mien; ils n'ont pas plus de rapports que nos caractères. Je perds plus que vous peut-être en perdant Edward, mais j'ai plusieurs motifs de consolation que vous n'aviez pas. Je puis encore estimer Edward, et je le justifie de tout tort essentiel; je désire son bonheur et je l'espère, quoiqu'il n'ait pas peut-être, la compagne qui lui aurait convenu, parce qu'il sera soutenu comme moi par le sentiment d'avoir fait ce que sa conscience lui dictait. S'il éprouve d'abord quelques regrets, je le connais assez pour être sûre qu'il en aurait davantage encore, s'il était parjure, et qu'ils se calmeront peu-à-peu. Lucy ne manque ni d'esprit ni de bon sens; ses défauts tiennent à son manque total d'éducation. Elle aime Edward, je l'espère du moins; pourrait-elle ne pas l'aimer? Elle se modèlera sur lui; elle acquerra les vertus qui lui manquent, et qu'il possède à un si haut degré. Il l'a aimée une fois, il l'aimera plus encore lorsqu'elle le méritera, et que les qualités, les vertus de sa femme seront son ouvrage; il oubliera j'espère qu'une autre lui avait paru supérieure.

—Il n'a point aimé Lucy, dit vivement Maria ; il ne l'aimera jamais.... ou il n'a jamais aimé Elinor. Bien certainement un cœur, tel que celui que vous supposez à Edward, ne peut s'attacher deux fois, et à deux objets aussi différens.

— Vous en revenez toujours à votre système de constance éternelle, ma chère Maria. Il prouve non seulement votre sensibilité, mais aussi, permettez-moi de vous le dire, l'exaltation un peu trop romanesque de votre esprit qui vous entraîne au-delà de la réalité. Quoi ! parce qu'on a eu le malheur d'être trompé dans un premier attachement, on aurait encore celui de ne pouvoir plus s'attacher à personne ? et parce qu'un cœur sincère et sensible a été déchiré, rien ne guérira sa blessure, et il doit rester isolé pendant toute l'existence? Non, non cela ne peut-être, non je ne puis le croire, et....

— Ainsi, interrompit vivement Maria, c'est la sage, la prudente Elinor, qui pense que l'on peut ainsi passer sa vie, d'attachement en attachement; car si vous supposez la possibilité d'aimer deux fois, il n'y a plus de bornes; pourquoi pas trois, dix, vingt, trente! comment soutenir cette idée?

Non pas, chère Maria, dit Elinor en souriant, mais je crois que celui ou celle qui a été trompé une fois ne le sera pas deux. Un second attachement n'aura peut-être pas la vivacité du premier, mais il n'en aura ni la promptitude ni l'illusion; et l'on cherchera à bien connaître la personne avant de s'y attacher; on n'aimera que ce qu'on estime, et alors on l'aimera toujours.

— Cependant dit Maria, vous avez bien cru connaître Edward?

— Et je le crois encore; Edward ne m'a point trompée, et s'il était libre, j'ose assurer que je n'aurais jamais aimé que lui; mais il ne l'est plus, et je dois effacer de mon cœur tout autre sentiment que l'estime; s'il épouse Lucy, et s'il ne l'épouse pas je dois renoncer même à l'estime.... Mais je ne veux seulement pas le supposer.

— Je crois, dit Maria, que vous n'aurez pas grand peine à triompher de tous vos sentimens, si la perte de celui que vous aimiez vous touche aussi peu. Votre courage, votre empire sur vous-même sont peut-être moins étonnans.... et votre malheur est alors en effet très-supportable.

— Je vous entends Maria, vous

supposez que je ne suis pas susceptible d'un attachement vif, et que par conséquent je ne suis pas très-malheureuse. Vous vous trompez; j'ai tendrement aimé Edward, et j'ai cru l'être de lui; j'ai long-temps nourri l'espoir enchanteur d'être sa compagne, et la certitude que nous serions heureux ensemble. Le coup qui m'a frappée était complètement inattendu, et m'a laissée sans espérance et sans consolation. Pendant quatre mois j'ai porté seule tout le poids de ma douleur, sans avoir la liberté de la soulager en la confiant à une amie, ayant non-seulement mon propre chagrin à supporter, mais aussi le sentiment du vôtre et de celui de ma mère quand vous viendriez à l'apprendre, et n'osant pas même vous y préparer. J'avais su mon malheur par la personne même dont les droits plus anciens que les miens et plus sacrés, puisqu'ils reposaient sur une promesse solennelle, m'ôtaient toute espérance, et j'avais cru voir dans cette confidence un triomphe et des soupçons jaloux qui m'obligeaient à montrer une complète indifférence pour celui qui m'intéressait si vivement. J'étais obligée d'entendre sans cesse le détail de leur amour, de leurs projets, et dans ces cruels détails pas un mot, pas une circonstance qui pût me consoler de perdre Edward pour jamais en me le montrant moins digne de mon affection. Au contraire tous les éloges de Lucy, tout ce qu'elle me disait de lui justifiait mon opinion en augmentant mes regrets. Vous avez vu comme j'ai été traitée ici par sa mère et par sa sœur. J'ai souffert la punition d'un amour auquel je devais renoncer, et tout cela dans un moment où j'avais encore à supporter le malheur d'une sœur chérie. Ah Maria! si vous ne me jugez pas tout-à-fait insensible, vous devez penser que j'ai bien assez souffert. Cette fermeté, ce courage qui vous étonnent sont le fruit de mes constans efforts pendant tout le temps que j'étais forcée de me taire; si j'avais pu vous en parler dans les premiers momens, vous m'auriez trouvée peut-être aussi faible que je vous parais forte à présent; ah! je n'aurais pas même alors pu vous cacher à quel point j'étais malheureuse!

Maria fut tout-à-fait convaincue, et ses larmes recommencèrent à couler. Oh Elinor! s'écria-t-elle, combien je me hais moi-même. Comme j'ai été barbare avec vous! vous qui étiez mon seul soutien, vous qui avez supporté mon désespoir, qui sembliez seulement souffrir pour moi; et je vous accusais d'insensibilité, vous la plus tendre, la meilleure des sœurs; c'était là ma reconnaissance. Parce que je ne pouvais atteindre à votre mérite, j'essayais de le nier ou du moins de l'affaiblir, de même que je refusais de croire à l'énormité de votre malheur, que vous supportiez avec tant de calme et de résignation.

Les plus tendres caresses entre les deux sœurs suivirent cette scène. Dans la disposition actuelle de Maria, Elinor eut peu de peine à obtenir ce qu'elle désirait. Maria s'engagea à ne parler jamais d'Edward ni de Lucy avec amertume; à ne témoigner à cette dernière ni mépris, ni haine, ni colère, dans le cas où elle la rencontrerait, et même à voir Edward si l'occasion s'en présentait avec la même cordialité. Tout cela était beaucoup pour Maria, mais fâchée comme elle était d'avoir injurié sa sœur, il n'était rien qu'elle n'eût fait pour le réparer. Elle tint ses promesses d'une manière admirable ; elle entendit tous les bavardages de madame Jennings sur ce sujet, sans disputer avec elle ou la contredire en rien, et répétant souvent : oui, madame, vous avez raison ; elle écouta même l'éloge de Lucy sans indignation ; et quand madame Jennings disait comme Edward l'adorait, elle en fut quitte pour un léger spasme. Elinor fut si enchantée d'elle et de son héroïsme, que ce fut une consolation pour elle. Hélas la pauvre Elinor ne se doutait pas combien cet effort était pénible à Maria. Sa santé qui se soutenait dans une espèce de langueur depuis son malheur, succomba tout-à-fait quand le malheur de sa sœur se joignit au sien. Obligée de cacher toutes ses impressions, tous les sentimens violens qui assaillaient à-la-fois son cœur, il lui semblait quelquefois qu'il allait se briser. Ses nuits étaient sans sommeil, ses jours sans tranquillité; mais elle eut bien moins de peine à cacher ce qu'elle souffrait au physique, que son indignation sur l'engagement d'Edward; elle le cacha donc aussi bien qu'il lui fut possible. Elinor sans cesse auprès d'elle s'apercevait peu de son changement graduel, de sa pâleur, de sa maigreur, qui frappaient ceux qui la voyaient moins habituellement; mais le nombre en était petit. Elle recommença à ne pas sortir de chez elle : la crainte de rencontrer M. ou madame Willoughby fut son prétexte auprès d'Elinor, qui comprenait trop bien ce motif pour la presser, et qui n'ayant elle-même aucune envie de se trouver avec eux ou avec Edward, resta aussi plus souvent à la maison.

Le lendemain de son entretien avec Elinor, elle eut une autre épreuve à soutenir : ce fut une visite de son frère qui vint tout exprès pour parler de la terrible affaire, et apporter à ses sœurs des nouvelles de sa femme.

CHAPITRE XXXIX.

Vous avez entendu parler à ce que je suppose, dit-il avec une grande solennité dès qu'il fut assis, de la *choquante* découverte qui se fit hier chez nous-mêmes?

Tout le monde restant en silence, il se recueillit aussi un moment pour parler avec la dignité convenable; il avait espéré qu'une foule de questions le tireraient d'affaire; et qu'il n'aurait qu'à répondre; on ne lui en faisait point. Il fallut donc pérorer tout seul, et l'éloquence n'était pas le partage du pauvre John.

Votre sœur, dit-il enfin, a souffert considérablement; le docteur Donavar... mais j'y reviendrai ensuite. Il faut d'abord vous dire que madame Ferrars a aussi été très-affectée, et c'est bien naturel. En un mot c'était une scène de contrariétés, tellement compliquée..... mais il faut espérer que cet orage menaçant passera sans qu'aucun de nous y succombe. Il se rengorgea tout fier d'avoir trouvé cette belle métaphore. Malgré son chagrin il fut impossible à Maria de s'empêcher de sourire; il s'en aperçut : Oui riez, Maria, vous ne rirez pas, je crois, quand vous saurez que vous avez failli perdre votre belle-sœur. Pauvre Fanny! elle a été tout le jour hier en convulsions... mais je ne veux pas trop vous alarmer; Donavar assure qu'il n'y a nul danger. Sa constitution est bonne, et son courage vraiment admirable; elle a supporté ce coup avec la fermeté d'un ange.... elle dit que de sa vie elle n'aura plus de confiance en personne, et je le comprends après avoir été si cruellement trompée! Avoir trouvé une telle ingratitude après tant de bontés et tant de générosité! je crois qu'elle vous aurait plutôt mille fois soupçonnée Elinor, plutôt que cette Lucy. C'était par excès d'amitié qu'elle avait invité ces jeunes personnes à venir demeurer chez nous; elle trouvait qu'elles méritaient cette faveur, qu'elles étaient attentives, empressées, toujours prêtes à dire des choses flatteuses à tout le monde, à faire tout ce qu'Henri voulait, et mille jolis petits ouvrages, enfin que c'étaient deux compagnes très-agréables; car sans cela elle vous aurait invitées toutes les deux à rester avec nous, pendant que votre bonne amie soignait sa fille : et puis être ainsi récompensé ! Je voudrais à présent de tout mon cœur, dit-elle, de ce ton affectueux que vous lui connaissez, que nous eussions invité vos sœurs, puisqu'il n'est pas question de ce que nous avons craint..... Ici John s'arrêta en s'admirant d'avoir si bien parlé, et afin d'être remercié de la bonté de Fanny ; ce qui fut fait avec un air d'ironie que John ne remarqua point. Il continua : Ce que la pauvre madame Ferrars a souffert quand sa fille lui apprit la chose, ne peut être décrit ! Pendant qu'avec une affection vraiment maternelle, elle arrangeait pour son fils un superbe mariage, apprendre tout-à-coup qu'il est engagé avec une autre, et qu'elle autre bon Dieu ! une petite fille sans naissance, sans fortune, venant on ne sait d'où..... Ici la tante Jennings voulut éclater. Elinor la retint en lui serrant doucement la main; elle se tut pour le moment. Jamais de la vie, continua John un tel soupçon ne lui serait entré dans la tête, et si elle le croyait attaché à quelqu'un, c'était tout d'un autre côté..... vous m'entendez? et moi-même, et Fanny nous pensions de même. Enfin cette bonne mère était à l'agonie. Nous nous consultâmes ensemble cependant sur ce qu'il y avait à faire, et elle se décida à envoyer chercher Edward. Il vint immédiatement. Mais je suis fâché, vraiment fâché d'avoir à raconter ce qui suit; et d'ailleurs vous en savez assez, je pense. Je vous ai dit la cause du mal de Fanny, vous savez qu'elle est mieux; cela vous suffit, je crois. Le reste s'apprendra en son temps.

— Non, non, mon frère, s'écria Elinor, dites tout; nous voulons tout savoir. Le sort d'Ed...... de M. Ferrars nous intéresse aussi.. Qu'a-t-il dit ? que veut-il faire ?

— Il ne mérite guère cet intérêt; et je vous avoue que j'aurais attendu autre chose de lui ; je suis vraiment indigné! Croiriez-vous que malgré tout ce que sa mère, sa sœur et moi-même, dont l'avis n'est pas à dédaigner, nous avons pu lui dire et lui représenter pour rompre son engagement, tout a été inutile ? la bonne Fanny est allée jusqu'à la prière : devoir, affection, tout a été sans effet. Je n'aurais jamais pu croire qu'Edward fût aussi entêté, aussi insensible! Sa mère a eu la condescendance de lui expliquer ce qu'il pouvait attendre de sa libéralité, s'il consentait à épouser miss Morton ; elle lui a dit qu'elle lui donnerait ses terres de Norfolk, qui rapportent clair et net mille pièces de revenu ; elle lui a même offert à la fin douze cent pièces, lui déclarant en même-temps que s'il persistait dans sa basse liaison, il pouvait s'attendre à la misère la plus complète ; que les deux milles pièces de capital qui sont à lui, et qu'elle ne peut lui ôter, seraient tout ce qu'il aurait jamais à prétendre ; qu'elle ne le verrait plus, et que loin de lui prêter jamais la moindre assistance s'il voulait prendre un état pour gagner quelque chose, elle ferait tout son possible pour lui nuire et l'empêcher d'obtenir une place.... Elinor éleva les yeux au ciel avec une expression impossible à rendre. Maria au comble de l'indignation, joignit les mains et s'écria : Grand Dieu ! cela est-il possible ?

— Je comprends votre étonnement, Maria, dit John Dashwood, d'une obstination qui a pu resister à de tels argumens. Votre exclamation est très-juste. Elle allait répondre ; mais Elinor lui jeta un regard suppliant, et qui disait en même-temps, à qui voulez-vous parler ? Elle le comprit et se tut ; mais ses yeux parlaient pour elle.

— Tout, continua John, fut inutile. Edward dit peu de choses, mais de la manière la plus ferme et la plus décidée. Je l'ai promis, et je tiendrai mes engagemens. Voilà tout ce que nous pûmes obtenir de lui. Vous voyez à présent comme on peut se fier aux apparences. Qui aurait cru Edward capable de répondre ainsi à sa mère ?

— Moi, dit enfin madame Jennings, qui brûlait de parler; dès que je l'ai connu je l'ai regardé comme un honnête homme, et je pense que s'il avait cédé, il aurait agi comme un coquin et un parjure. J'ai quelques mots aussi à dire dans cette affaire; ainsi, M. Dashwood, je vous prie de m'excuser si je vous dis ma façon de penser. Lucy Stéeles est ma cousine, et celle aussi de lady Middleton, dont le nom et le titre valent bien autant que ceux de madame Ferrars. Quant à Lucy elle n'est pas riche, et ce n'est pas sa faute; mais elle est jolie et gentille, on ne peut pas lui nier cela, et elle mérite aussi bien qu'une autre d'avoir un bon mari. Vous ne saviez pas d'où elle venait; et bien vous allez le savoir: son père était mon cousin issu de germain.

John Dashwood fut très-étonné; mais il était d'une nature pacifique, et jamais il ne cherchait à offenser personne, surtout si c'était quelqu'un de riche : loin donc de se fâcher contre madame Jennings, il fut sur le point de lui demander pardon. Je vous assure, madame, lui dit-il, que je ne veux manquer de respect à aucun de vos parens. J'ignorais que mesdemoiselles Stéeles eussent l'honneur de vous appartenir. Mademoiselle Lucy m'a toujours paru une jeune personne très-méritante, très-aimable, et pour qui nous avions, j'ose le dire, beaucoup d'amititié. Mais dans le cas présent, vous comprenez qu'une liaison est impossible; et si vous me permettez de vous le dire, être entrée dans un secret engagement avec un jeune homme de famille riche, comme M. Ferrars, qui était remis aux soins de son oncle, est peut-être.... comment dirai-je cela.... un peu extraordinaire. En un mot, je ne me permets aucune réflexion sur la conduite d'une personne à qui vous vous intéressez, madame Jennings. Nous souhaitons tous qu'elle soit heureuse; mais j'en doute fort; car madame Ferrars tiendra sa parole. Elle agit comme une bonne mère, et selon sa conscience; elle s'est montrée désintéressée, libérale et juste. Doit-on traiter un enfant désobéissant comme un enfant soumis? Voyez Fanny; elle consulte encore sa mère, surtout ce qu'elle fait, comme si elle n'était pas mariée; et quoiqu'elle m'aime à la folie, je suis sûr qu'elle ne m'aurait jamais épousé, si madame Ferrars l'avait menacée comme elle a fait Edward. Il a rejeté le bon lot qui lui était offert; et je crains qu'il n'en ait un bien mauvais.

Maria soupira profondément; et le cœur de la pauvre Elinor était déchiré en pensant à ce qu'Edward devait avoir souffert pour une femme qui ne pouvait le récompenser.

— Eh bien ! monsieur, dit madame Jennings, comment cela a-t-il fini ?

— Je suis fâché, madame, d'avoir à vous l'apprendre, par une rupture complète entre la mère et le fils. Edward est rejeté pour toujours ; et madame Ferrars n'a plus que deux enfans, Robert et Fanny. Edward a quitté hier la maison ; mais est-il parti ou resté en ville, c'est ce que j'ignore. Vous comprenez que nous ne pouvons plus avoir de relations avec lui.

— Pauvre jeune homme! s'écria Elinor, que va-t-il devenir?

— Le mari de Lucy Stéeles sans doute, dit John, est un pauvre misérable qui aura à peine de quoi se nourrir; c'est fort triste, et cependant voilà ce qui est sûr. Né avec l'espoir d'une telle fortune, et se voir réduit presque à rien; je ne puis concevoir une situation plus déplorable! L'intérêt de deux mille pièces! Comment un homme peut-il vivre avec cela? et ajoutez encore à cela le souvenir qu'il aurait pu s'il n'avait pas été un fou, avoir les deux mille pièces de revenu, et cinq cens par dessus, car mademoiselle Morton aura le jour de sa noce trente mille pièces. Je ne puis me peindre un pareil sort! Nous le sentons vivement sa sœur et moi, je vous assure, et d'autant plus qu'il n'est pas en notre pouvoir de l'assister, sans désobéir à notre mère et courir peut-être les mêmes risques que lui.

— Pauvre jeune homme! s'écria encore madame Jennings; il serait le très-bien venu s'il voulait venir loger et manger chez moi. Je le lui dirais si je pouvais le voir.

Le cœur d'Elinor la remercia de sa bonté pour Edward.

— S'il avait voulu, madame, il aurait une bonne maison, où il aurait pu nous inviter très souvent. A présent tout est fini, et si jamais il a une chaumière ou quelque logement semblable, je doute que personne soit tenté d'aller le voir; on y ferait maigre chère. Ce qu'il y a de pis, c'est que c'est sans retour; car il se prépare quelque chose contre lui, et on ne s'en tiendra pas aux menaces. Madame Ferrars s'est déterminée avec sa bonté et sa justice accoutumée, à donner immédiatement à Robert ce que devait avoir Edward, et à lui assurer mille pièces par an. Je viens de la laisser avec son avocat parlant de cette affaire.

— Bien, dit madame Jennings, elle se venge; et chacun, à sa manière. La mienne ne serait pas de rendre un de mes fils indépendant, parce que l'autre m'aurait blessée.

Maria se leva et se promena dans la chambre.

— Y a-t-il quelque chose de plus piquant, dit John, de plus désespérant que de voir son frère cadet en possession d'un bien qui devait vous appartenir. Pauvre Edward! il est bien coupable, mais aussi bien à plaindre.

Il se leva et prit congé d'elles, en leur assurant sans cesse que

Fanny n'était point en danger, et qu'elles pouvaient être tranquilles, qu'il n'y avait lieu à aucune inquiétude.

A peine fut-il sorti que les trois dames unanimes dans leurs sentimens, louèrent la noble conduite et le désintéressement d'Edward, autant qu'elles blâmèrent mesdames Ferrars et Dashwood. L'indignation de Maria éclata avec violence. Elinor ne disait rien; mais elle admirait et plaignait Edward de toute la force de son cœur. Madame Jennings était de leur avis à toutes deux; elle mit beaucoup de chaleur dans ses éloges de la conduite d'Edward, dont la possession de sa chère Lucy serait la récompense. Elinor et Maria savaient seules combien il y avait de mérite à lui d'avoir écouté la voix de l'honneur aux dépens de la perte de sa fortune et de celle même de tout son bonheur, et combien son dédommagement serait peu de chose, excepté cependant celui du témoignage de sa conscience, qui l'emporte surtout chez un honnête homme. Elinor était fière de la vertu de celui qu'elle aimait; et Maria lui pardonnait ses torts par compassion pour son malheur. Mais quoiqu'il n'y eût plus actuellement de secret à garder, et qu'on pût en parler librement, c'était un sujet de conversation que les deux sœurs évitaient dans leur tête-à-tête autant qu'il leur était possible. Elinor parce qu'elle préférait en détourner sa pensée, et Maria parce qu'elle redoutait la comparaison qu'elle ne pouvait s'empêcher de faire elle-même de sa conduite avec celle de sa sœur. Elle la sentait vivement cette différence, mais non pas comme Elinor l'avait espéré, pour y puiser des forces et du courage; elle n'y trouvait qu'un nouveau sujet de peine, par les reproches amers qu'elle se faisait elle-même de n'avoir pas montré plus de fermeté, ni su cacher aussi sa douleur dans les commencemens. A présent sa santé détruite influait sur son moral; elle se trouvait trop faible pour rien tenter, et se laissait toujours plus aller à son abattement.

Pendant deux jours elles n'apprirent rien de nouveau ; mais elles en savaient assez pour occuper la tête et la langue de madame Jennings, qui se décida à aller faire une visite à Holborn à ses cousines Stéeles, plus encore par curiosité que par intérêt.

Le troisième jour était un dimanche, et le temps était si beau pour la saison (c'était la seconde semaine de mars), qu'elle eut envie d'aller se promener dans les jardins de Kensington, où il y aurait sûrement beaucoup de monde, et proposa à Elinor de l'accompagner. Je parie, lui dit-elle, que nous trouverons là les Stéeles, et que je n'aurai pas besoin d'aller plus loin. Je n'ai pas trop d'envie, s'il faut le dire, de faire connaissance avec les parens chez qui elles demeurent, ce sont des gens un peu communs. Vous comprenez à présent ; j'ai pris un autre ton, d'autres habitudes. J'irai pourtant à Holborn si elles ne sont pas à Kensington, et si vous ne voulez pas venir avec moi, je vous enverrai chez votre frère ; mais pourquoi ne feriez-vous pas une visite à cette chère Lucy qui vous aime tant, et dans une occasion si importante? Peut-être vous y trouverez M. Ferrars, et vous leur feriez votre compliment en même-temps. Elinor dit seulement qu'elle serait bien aise d'aller savoir des nouvelles de sa belle-sœur, et se prépara à suivre madame Jennings. La languissante Maria qui craignait de rencontrer Willoughby, préféra de rester.

Le jardin était en effet rempli de promeneurs. Une intime connaissance de madame Jennings vint les joindre. Elinor les laissa causer ensemble et s'abandonna à ses réflexions, tout en regardant avec un peu d'effroi autour d'elle, et en tremblant de rencontrer Edward ou Willoughby. Elle ne vit ni l'un ni l'autre, et pendant long-temps personne qui pût interrompre le cours de ses pensées.

Mais au détour d'une allée, elles virent au milieu d'un groupe de promeneurs la grosse Anna Stéeles, plus parée qu'à l'ordinaire et couverte de rubans couleur de rose. Dès qu'elle aperçut Elinor, elle quitta ses amis et vint auprès d'elle, d'abord avec un peu de timidité; mais madame Jennings la salua si amicalement et Elinor si poliment, qu'elle reprit courage et dit à sa compagnie de continuer sans elle, qu'elle se promènerait un peu avec ces dames. Pendant ce temps-là madame Jennings disait à l'oreille d'Elinor: allez avec elle, ma chère, et faites la causer, elle vous dira tout ce que vous voudrez; vous voyez que je ne puis quitter madame Clarke. Elinor n'éprouva pas de difficultés pour exécuter les ordres de madame Jennings; Anna vint passer familièrement son bras dans celui de miss Dashwood, et l'entraîna en avant. Ce qui fut heureux pour la curiosité de madame Jennings c'est qu'Anna parla tant qu'on voulut sans la provoquer, car Elinor ne lui fit pas une seule question.

— Je suis charmée de vous avoir rencontrée, dit mademoiselle Stécles ; je désirais vous voir plus que toute autre, et baissant la voix : Vous avez appris la grande nouvelle, je suppose. Madame Jennings est-elle bien en colère?

— Contre vous! non pas du tout je vous assure.

— Eh bien! voilà déja une bonne chose; et lady Middleton est-elle bien fâchée?

— Je ne l'ai pas vue, mais je ne puis le supposer.

— Allons! voilà du bonheur,

et je suis bien contente. Ah! mon Dieu, mon Dieu, miss Dashwood, j'en ai bien eu assez à supporter de colère, et de votre belle-sœur, et de Lucy. Je n'avais encore jamais vu Lucy dans une telle rage contre moi; et cependant elle me gronde souvent, comme vous savez, parce qu'elle a, dit-elle, beaucoup plus d'esprit que moi. Je n'y peux rien; chacun est comme il peut dans ce bas monde. Elle jura au premier moment que de sa vie elle ne me broderait plus un seul bonnet, qu'elle ne m'aiderait plus à m'habiller; car, voyez, elle fait tout cela beaucoup mieux que moi. Mais à présent elle est tout-à-fait revenue, et bien aise que j'aie parlé; elle s'en mariera plutôt: aussi, regardez, elle m'a donné ce ruban qu'elle a retourné et bouclé sur mon chapeau. Ah!

miss Dashwood, je sais bien que vous allez rire, et ce que vous me direz; mais pourquoi ne mettrais-je pas des rubans roses? Est-ce ma faute, si c'est la couleur favorite du docteur Donavar, et s'il trouve qu'elle me va bien? Jamais je ne l'aurais deviné, s'il ne m'avait pas dit l'autre jour : Je crois, miss Anna, que vous avez le même teinturier pour vos rubans que pour vos joues, car c'est la même nuance. N'était-ce pas joli cela, miss Dashwood? Je crois bien que mon visage devint alors plus rouge que mon ruban. Mais depuis j'ai toujours mis des rubans couleur de rose, vous comprenez; et Lucy m'a fait bien plaisir de me donner le sien. Mes cousines me font un peu enrager là-dessus; mais qu'est-ce que cela me fait? si je le rencontre, il me dira quelque jolie chose là-dessus.

Elinor qui n'avait rien à dire sur les rubans et l'amour d'Anna, et qui désirait savoir autre chose, prit sur elle de lui demander des nouvelles de sa sœur, et pourquoi elle n'était pas à Kensington.

— Pourquoi! cela se demande-t-il? C'est qu'elle a son amoureux auprès d'elle, et qu'il a mieux aimé lui parler en liberté que de se promener. Le docteur Donavar aurait aussi pu dans ce moment complimenter Elinor sur la teinte de ses joues. Nous commencions à être tous bien en peine, continua Anna; c'est mercredi que l'affaire se découvrit, et que nous fûmes renvoyées de chez votre frère, et nous n'avions pas entendu parler d'Edward, ni jeudi, ni vendredi, ni samedi. Nous ne savions pas ce qu'il était devenu; et ma cousine Godby, et ma tante Spark, et mon cousin Richard, tout le monde disait à Lucy de prendre son parti, que M. Ferrars ne serait pas pour elle, qu'il faudrait qu'il fût hors de sens de rejeter une femme qui a trente mille pièces, pour en prendre une qui n'a rien du tout; et Richard disait que quant à lui, il ne le ferait pas pour rien au monde.

— Je puis l'obliger à m'épouser, disait Lucy; j'ai ses promesses signées de lui. Il ne s'en fallait que d'un mois ou deux qu'il ne fût majeur.

— Quand il ne s'en faudrait que d'un jour, disait Richard, rien ne l'oblige à les tenir; et s'il faut plaider, on ne plaide pas sans argent, et vous en donnera qui voudra. Lucy ne savait que dire ; elle voulait lui écrire, mais elle ne savait où adresser sa lettre. Enfin ce matin comme nous revenions de l'église, il est arrivé, un peu triste, il m'a semblé, mais il y a bien de quoi! Il nous a tout raconté ; et ce que sa mère lui a dit et ce qu'il a répondu, qu'il voulait Lucy, seulement Lucy, et aucune autre, puisqu'il le lui avait promis ; et comme sa mère là-dessus l'avait déshérité et chassé de chez elle. Lucy était bien triste aussi en entendant cela, vous comprenez ; mais Edward a pourtant deux mille guinées qu'on ne peut lui ôter ; et qui sait si Lucy trouverait si vîte un autre mari? Elle a pensé tout cela, et elle a dit à Edward qu'il pourrait fort bien vivre là-dessus.

— Je vous en conjure, chère

Lucy, lui disait-il, pensez-y bien, je ne veux pas vous entraîner à votre perte, et quoique je sois prêt à tenir mes engagemens, je vous dégage des vôtres, si vous pensez que je ne sois plus assez riche pour vous épouser. Je ne puis supporter de vous placer dans une situation qui peut devenir déplorable. Si quelque malheur me faisait perdre mes deux mille livres, je serais sans ressource quelconque. J'ai bien l'idée d'entrer dans les ordres et de suivre la carrière de l'église; mais sans protection, je ne puis prétendre qu'à une simple cure; et vous savez que c'est bien peu de chose. Vous êtes donc libre, Lucy : renoncez à moi si vous le préférez. Je comprendrai vos raisons et je n'en serai pas du tout blessé. C'est pour votre intérêt seul que je vous le propose; car pour le mien mon sort est fixé! Je ne puis obéir à ma mère; elle m'a rejeté, si je n'épousais pas mademoiselle Morton, et je ne l'épouserai jamais. Si vous consentez à rompre notre engagement, j'ai assez pour moi seul, et jamais je ne me marierai.

— Et qu'à répondu Lucy? demanda Elinor dans une grande agitation.

— Vous concevez bien qu'elle n'a pas voulu entendre parler de rupture. Le pauvre garçon! Moi j'étais prête à pleurer de l'entendre parler ainsi. Ma sœur lui a dit bien des choses, vous vous en doutez. Il ne convient pas à nous qui ne sommes pas encore mariées de répéter des propos d'amour. Vous comprenez ce qu'elle pouvait dire; qu'elle voulait l'épouser absolument; qu'elle aimait mieux vivre de rien avec lui et partager sa bonne ou sa mauvaise fortune. Sûrement il était bien heureux et bien touché; car il s'est levé et s'est promené dans la chambre; et j'ai vu qu'il essuyait ses yeux : tenez il a pressé son mouchoir dessus comme cela. Pourquoi aurait-il fait ainsi s'il n'avait pas pleuré de joie ? Ensuite il s'est assis près de ma sœur, il lui a pris la main et lui a dit.... attendez que je me le rappelle; oui, oui c'est bien ainsi; il lui a dit : Chère Lucy, je vous remercie de votre confiance en mon honneur et de votre attachement pour moi. Ils ne seront pas trompés ; et je m'efforcerai de vous rendre heureuse. Il fallait entendre comme il soupirait en finissant. Ils sont ensuite convenus ensemble, qu'il irait directement à Oxford prendre les ordres, et qu'ils attendraient pour se marier qu'il pût avoir une bonne cure où ils pussent se loger : Voilà tout ce que j'ai entendu. Ma cousine est venue me dire que madame Richardson était en bas dans son carosse et voulait mener une de nous à Kensington; j'ai donc été forcée d'entrer dans la chambre et de les interrompre pour demander à Lucy si elle voulait y aller, mais elle n'a pas voulu quitter Edward. J'en ai été bien aise à cause de mon joli chapeau rose, vous comprenez; je n'ai eu que le temps de l'attacher, de mettre mes souliers de soie, et me voici bien contente de vous voir et de vous conter tout cela.

— Il y a une seule chose dans votre récit que je ne comprends pas, dit Elinor. Vous êtes entrée dans la chambre et vous les avez interrompus, n'étiez-vous donc pas avec eux?

— Non certainement je n'y étais pas, dit Anna fièrement; croyez-vous que je ne sache pas que les amoureux aiment à être seuls? et puis Lucy m'aurait bien grondée. Non, non, dès qu'il est entré, je suis sortie; mais j'ai tout vu et tout entendu par le trou de la serrure.

— Comment! s'écria Elinor, vous m'avez répété ce que vous avez appris de cette manière? Je suis fâchée de ne l'avoir pas su auparavant; car bien sûrement je n'aurais pas souffert que vous me donnassiez le moindre détail d'un entretien que vous deviez ignorer vous-même. C'est mal à vous, j'ose vous le dire, de surprendre ainsi les secrets de votre sœur.

— Eh! pourquoi pas, dit Anna

en riant, il n'y a point de mal à cela. Je suis bien sûre que Lucy ferait de même. Quand mon amie, miss Scharp vient me voir et me conter ses amours, car elle a un amoureux aussi qui l'aime bien, Lucy se cache toujours dans le cabinet ou derrière le paravent pour nous écouter. Comment saurait-on ce qu'on veut cacher si on n'écoutait pas ? D'ailleurs ne sais-je pas tout depuis long-tems ? n'étais-je pas sa confidente ?

— Sans doute, dit Elinor, elle aime Edward bien tendrement ?

— Oh! oui passionnément, surtout dans les commencemens; à présent, entre nous, elle le trouve un peu froid. Elle dit que c'est bien dommage qu'il ne soit pas beau et gentil comme son frère; mais enfin elle l'aime assez pour l'épouser, et elle fait bien. Il n'en viendrait peut-être pas un autre; et puis saurait-on dans le monde si c'est elle qui ne l'a pas voulu? Chacun croirait que c'est lui ; et voyez le bel honneur ! Lucy n'est pas si bête.

— Pauvre Edward, pensa Elinor, à quelle femme va-t-il être associé!....

— Les amis de miss Stéeles revinrent. Voilà les Richardson, dit-elle; il faut que j'aille les rejoindre. Bon ! je crois que le docteur est avec eux ; que vais-je faire ? On dira que c'est pour lui que je reviens. Adieu! chère Elinor. Je n'ai pas le temps de parler à madame Jennings : dites-lui que je suis bien contente qu'elle ne soit pas fâchée, et à lady Middleton aussi. Quand vous serez rentrées, si madame Jennings veut de nous, elle n'a qu'à dire..... Bon ! les Richardson me font signe; adieu! et elle courut au-devant d'eux et du cher docteur.

CHAPITRE LX.

Mesdames Clarke et Jennings se promenèrent encore quelque temps. Elinor en silence à côté d'elles réfléchissait à ce que venait de lui dire Anna. Elle n'avait appris dans le fond que ce qu'elle avait prévu. Le mariage de Lucy et d'Edward était décidé. Le moment seulement était encore incertain. Tout dépendait de cette cure ou de ce bénéfice; et il avait peu de chance d'en trouver un tout de suite. Ces sortes de places veulent de grandes poursuites. Edward était trop timide, et peut-être trop fier pour solliciter, et n'avait pas de protecteur. Madame Ferrars ne manquerait pas, ainsi qu'elle l'avait annoncé, de lui nuire auprès de leurs connaissances, en le représentant comme un fils entêté et rebelle; et si Lucy lasse d'attendre..... mais non; tout prouve qu'elle tient à se marier, et à devenir madame Ferrars à tout prix.

Dès que l'amie de madame Jennings les eut quittées, elles remontèrent en carrosse, et madame Jennings questionna Elinor sur ce qu'elle avait *accroché* de mademoiselle Stécles. Mais Elinor n'aimant pas à répéter des propos écoutés en fraude par le trou de la serrure, se contenta de lui dire ce qu'elle était sûre que Lucy aurait dit elle-même, que son engagement avec Edward subsistait, et leur projet d'établissement: ce fut tout ce que madame Jennings put obtenir.

— Comment, dit-elle, ils veulent attendre pour se marier qu'il ait un bénéfice! mais c'est de la folie; tout le monde sait avec quelle difficulté cela s'obtient. Ceux qui ont à nommer à un bénéfice le donnent à un de leurs parens, ou les vendent bien cher. Peut-être qu'on lui fera de belles promesses pendant une année ou deux, puis il faudra qu'il se contente d'être vicaire de quelque paroisse pour trente ou quarante pièces. L'intérêt de ses deux mille, cent ou deux cents peut-être que l'oncle Pratt donnera pour l'honneur de marier sa nièce à son noble pupile : voilà tout ce qu'ils auront pour vivre, les pauvres gens! et avec cela un enfant toutes les années. Ils me font bien pitié! il faut que je voie ce que je pourrai leur donner pour meubler leur presbytère. Quant à la sœur de ma Betty, ce n'est pas ce qu'il leur convient ; il ne leur faut qu'une fille de campagne qui fasse toute la besogne, et un homme pour travailler au jardin : voilà tout ce qu'il leur faut, et pas davantage.

Le matin suivant Elinor reçut par la petite poste une lettre de Lucy qui contenait ce qui suit, et qui était assez mal orthographiée.

Holborn.

« J'espère que ma chère Eli-
« nor excusera la liberté que je
« prends de lui écrire ; mais je sais
« que son amitié pour moi lui
« fera trouver un grand plaisir à
« apprendre que je vais bientôt
« être heureuse avec mon cher
« Edward, après bien des peines

« et des traverses. Nous avons
« bien souffert; mais à présent
« tout va bien, et notre amour
« mutuel est et sera pour nous
« une source inépuisable de bon-
« heur. Nous avons eu bien des
« épreuves, bien des persécu-
« tions; mais décidés comme
« nous l'étions à tout surmonter,
« nous avons tout souffert avec
« courage. Une amie comme vous
« fait plus de bien que les enne-
« mis ne peuvent faire de mal.
« J'ai dit à Edward comme vous
« aviez été bonne pour moi, et
« je vous assure qu'il en est bien
« reconnaissant. Je suis sûre que
« vous et la chère madame Jen-
« nings vous serez bien aises d'ap-
« prendre que je viens de passer
« deux heures avec mon bien-
« aimé Edward, et que j'en suis
« contente à tout égard. Il n'est

« rien qu'il ne soit prêt à sacri-
« fier à sa Lucy, et jamais il n'a
« voulu entendre parler de nous
« séparer, quelque chose que
« j'aie pu lui dire; car je pensais
« qu'il était de mon devoir, quoi-
« qu'il pût m'en coûter, de l'in-
« viter à ne pas se brouiller avec
« sa mère et à ne pas renoncer à
« sa fortune. Je suis même allée
« jusqu'à lui offrir de partir à
« l'instant même et de ne pas re-
« venir à Londres qu'il ne fût
« marié; mais il a repoussé vive-
« ment cette idée. Il m'a juré que
« jamais il n'épouserait que moi,
« et que la colère de sa mère n'é-
« tait rien pour lui, puisque je
« l'aimais, et qu'il ne regretterait
« aucune fortune avec moi. Il est
« sûr que nos espérances ne sont
« pas brillantes; mais nous at-
« tendons, et peut-être que tout

« ira mieux que nous ne le pen-
« sons. Il va prendre les ordres
« incessamment, et s'il peut avoir
« un bénéfice, ne fût-il que de
« cent pièces de revenu, et une
« bonne habitation, nous vivrons
« très-bien. S'il était en votre
« pouvoir, chère Elinor, de
« nous recommander à ceux qui
« ont un bénéfice à donner, ne
« nous oubliez pas, je vous en prie,
« et dites quelques bonnes paro-
« les pour nous à sir Georges, à
« M. Palmer, au colonel Bran-
« don, etc., etc., etc. Je serai
« plus heureuse encore si c'est à
« vous que je dois mon bonheur.
« Je suis sûre que vous avez été
« très-inquiète en apprenant la
« fatale découverte du secret que
« seule vous saviez, et que vous
« avez si bien gardé. Ma sœur
« Anna qui cause toujours sans

« savoir ce qu'elle dit, n'a pas été
« aussi discrète. Mais comme son
« intention était bonne, et qu'elle
« a avancé mon bonheur, je ne
« m'en plains pas.

« Dites à madame Jennings
« que j'ai été trop troublée pour
« pouvoir lui faire une visite;
« mais que si elle voulait venir à
« Holborn un de ces matins, ce
« serait une grande bonté de sa
« part. Mes cousins seraient fiers
« de faire sa connaissance. Mon
« papier finit et m'oblige à vous
« quitter. Je vous prie de me rap-
« peler au souvenir de sir Geor-
« ges, de lady Middleton, de
« madame Palmer, et de tous les
« charmans enfans. Mes plus ten-
« dres amitiés à mademoiselle
« Maria. Je suis bien sûre que
« celle qui fait profession d'ai-
« mer et d'estimer mon Edward,

« est bien contente de le savoir
« sur la route du bonheur.

Je suis votre très-obéissante
servante, Lucy STÉELES.

Dès qu'Elinor eut fini de lire, elle remit la lettre entre les mains de madame Jennings, pensant que c'était un des buts dans lesquels elle avait été écrite. L'autre n'était pas douteux : elle voulait jouir de son triomphe en humiliant sa rivale. Elinor se rappelait ce que la simple Anna lui avait raconté de l'entretien d'Edward et de Lucy; comme c'était lui qui l'avait pressée de rompre, et qu'elle l'avait absolument refusé. Elle disait exactement le contraire; et cette petite fausseté inutile fit de la peine à Elinor. Sa seule consolation aurait été le bonheur d'Edward; et tout lui disait qu'il était impossible, jusqu'à cette lettre écrite d'un style si commun et dans un si mauvais esprit. Cependant tout était décidé ; c'était l'épouse d'Edward, c'était sa rivale heureuse, triomphante. Elle chercha à oublier ses torts, à croire qu'elle se les exagérait peut-être, et que du moins Lucy aimerait passionnément son mari, et s'en ferait aimer. Màdame Jennings moins difficile lisait et admirait la lettre de sa jeune parente. — Très-bien, très-joliment tournée; et ce qu'elle lui demande à Edward, très-généreux en vérité; et je ne suis pas surprise qu'il ne l'ait pas accepté. Il l'en aimera davantage. Pauvres enfans ! leur amour me touche au fond de l'âme. Je voudrais leur procurer un bénéfice de tout mon cœur. Voyez, elle m'appelle sa *chère* dame Jennings. Bon cœur de fille s'il en fut jamais! Oui, oui, j'irai la voir et l'embrasser bien sûrement. Comme elle est attentive; comme elle n'oublie personne, pas même les enfans! C'est la plus jolie lettre que j'aie vue de ma vie; elle me donne grande opinion du cœur et de l'esprit de Lucy. M. Ferrars, vous le verrez, sera heureux comme un prince, avec une telle femme.

Quelques jours s'écoulèrent encore sans rien amener de nouveau qu'une impatience très-vive et très-naturelle de Maria de quitter Londres. La crainte de rencontrer Willoughby ou d'en entendre parler, l'obligeait de rester chez elle comme dans une prison. Elle soupirait après le plein air, la liberté, et sur-tout après sa mère. Elinor ne le désirait pas moins, mais ne savait comment l'effectuer. Il ne convenait pas à deux jeunes personnes de faire seules un si grand voyage; et la santé si chancelante de Maria y était encore un obstacle. A peine Elinor croyait-elle qu'elle pût le supporter; elle en parla à leur bonne hôtesse, et la consulta sur les meilleurs moyens de lever ces difficultés. Madame Jennings résista à l'idée de leur départ avec toute l'éloquence de sa bonne volonté et de sa tendre amitié; mais Elinor mettant toujours en avant la santé de Maria, le besoin évident pour elle de respirer un air plus pur que celui de Londres, et son désir d'être à la campagne, madame Jennings fit une proposition qu'Elinor trouva très-acceptable. Les Palmer devaient partir pour leur terre de Cléveland sur la fin de mars, c'est-à-dire dans une quinzaine de jours; et Charlotte avait prié sa mère d'y venir avec ses deux jeunes amies passer la semaine de Pâques. M. Palmer s'était joint aussi à sa femme pour les en presser avec beaucoup de politesse. Ses manières avaient tout à-fait changé depuis que sa femme lui avait donné un fils. Il aimait cet enfant à la folie; et celle qui le lui avait donné s'en ressentait; il était plus tendre avec elle, plus honnête avec sa belle-mère, à qui il savait gré d'aimer aussi passionnément le petit garçon, et plus poli, plus doux en général avec tout le monde, et sur-tout avec mesdemoiselles Dashwood. Le malheur et le changement de Maria l'intéressaient; et il aimait à causer agréablement avec Elinor. On se rappelle qu'elle l'avait d'abord jugé plus favorablement que ses manières n'y donnaient lieu.

Elle était bien-aise de son côté qu'il eût justifié l'idée qu'elle avait eue de lui. Charlotte elle-même dans son nouvel état de mère, qui l'occupait beaucoup, était aussi devenue moins insignifiante. Ensorte qu'Elinor consentit sans peine à ce projet qui les rapprochait d'ailleurs beaucoup de Barton. Mais il fallait que Maria le voulût aussi; et dès les premiers mots qu'Elinor lui en dit, elle s'écria vivement et dans une grande agitation : Non, non, je ne puis aller à Cléveland ; ne savez-vous pas ?.... n'avez vous pas pensé ?.... Oh! non, non, je ne puis y aller.

— Vous oubliez vous-même, dit doucement Elinor, que Cléveland n'est pas dans le voisinage de.... qu'il y a plus de trente milles de distance.... et....

— Mais enfin il est en Sommersetshire; là où je croyais.... Là où mes pensées ont erré si souvent. Non, Elinor, n'espérez pas de m'y voir jamais.

Elinor ne pouvait pas disputer avec elle sur un sentiment; mais elle tâcha d'en réveiller un autre dans le cœur de sa sœur, en lui représentant que ce serait un moyen de rejoindre plutôt et d'une manière plus sûre et plus convenable qu'aucune autre, leur chère et bonne mère qu'elle désirait si ardemment de revoir. De Cléveland, qui n'était qu'à quelques milles de Bristol, il n'y avait pas plus d'une bonne journée pour se rendre à Barton. Madame Palmer leur donnerait sûrement son carosse, et les accompagnerait peut être jusqu'à Bristol, où le domestique de leur mère viendrait les prendre et les escorter jusques chez elles. Rien ne nous oblige, dit-elle à Maria, à rester plus d'une semaine à Cléveland : ainsi dans moins de trois semaines nous pouvons être à notre chère Chaumière.

Maria n'eut rien à répondre. Son affection pour sa mère triompha avec peu de difficulté de ces obstacles imaginaires. Elle réfléchit elle-même que Willoughby et sa femme étant encore à Londres, elle n'aurait pas la chance de les voir dans le Sommesethire, et elle consentit à y aller.

Madame Jennings fut la plus contrariée ; elle avait espéré ramener encore ses jeunes amies chez elle en revenant de Cléveland, les garder jusqu'au temps où elle irait chez son gendre Middleton, et les reconduire elle-même à leur mère. Elinor fut reconnaissante de ce projet, mais ne changea rien à leur dessein. On l'écrivit à madame Dashwood, qui en fut très contente. Ainsi leur retour fut arrangé de cette manière; et Maria qui ne croyait trouver de consolation qu'à Barton, comptait les heures qui la séparaient du moment où elle reverrait cette demeure chérie et la meilleure des mères. Le malheur de sa sœur l'avait accablée de nouveau presque plus que le sien propre. D'abord elle aimait Elinor plus qu'elle-même; puis il lui semblait que c'était une injustice du sort de ne pas tout accorder à une personne qui avait autant de mérite et de perfections.

Le colonel Brandon venait à-peu près tous les jours. Madame Jennings se hâta de lui dire la résolution de ses jeunes amies d'aller à Barton de chez les Palmer :

que deviendrons-nous, colonel, lui dit-elle, sans ces chères filles qui veulent m'abandonner? Et quand vous viendrez me voir, (si du moins vous venez encore), et que vous verrez leur place vide et la bonne vieille maman Jennings seule et triste dans un coin du salon, qu'aurons-nous de mieux à faire que de bâiller ensemble et de pleurer leur absence?

La bonne Jennings espérait que cette peinture de leur futur ennui, l'amènerait enfin à parler et à offrir sa main à Elinor, dont elle le croyait fort épris. Elle crut parfaitement y avoir réussi, quand elle le vit s'approcher d'Elinor qui travaillait à côté de la fenêtre à prendre la dimension d'un dessin qu'elle voulait laisser à leur amie. Elle entendit qu'il lui demandait à demi-voix la permission de lui dire quelque chose. Madame Jennings assise sur le sopha était assez éloignée d'eux pour ne pas les entendre, d'ailleurs elle était séparée d'eux par le piano-forte où Maria était établie ; mais elle put remarquer que dès les premiers mots du colonel, la physionomie d'Elinor avait exprimé une grande surprise, mêlée d'une vive émotion, qu'elle avait rougi et laissé son travail. Maria cessa un moment son jeu pour choisir un autre morceau ; alors quelques paroles du colonel vinrent frapper l'oreille de madame Jennings qui sans en avoir l'air ne pouvait s'empêcher d'écouter. Elle entendit qu'il lui parlait de son habitation future. Delafort, disait-il, est situé dans un beau pays ; et les environs sont agréables ; mais la maison quoique commode, est petite, mal bâtie. J'y ferai toutes les réparations nécessaires, etc.

Il n'y avait plus de doute, Elinor devait l'habiter. Mais madame Jennings trouvait ce compliment et ces réparations assez inutiles, et Delafort assez beau pour une personne qui habitait la chaumière de Barton ; mais sans doute, c'était l'étiquette et l'usage : aussi entendit-elle avec plaisir Elinor lui répondre avec un doux sourire que ce ne serait point un obstacle. Le piano avait recommencé ; elle n'entendit plus rien ; mais l'entretien s'animait. Le colonel avait l'air satisfait, et Elinor attendrie et reconnaissante. Nous y voilà, pensait-elle, on ira seulement à la chaumière demander la bénédiction maternelle. Dans moins d'un mois je la ramène ici pour faire ses emplètes de noce, et avant six semaines tout sera fini. Un autre silence de Maria lui permit d'entendre le colonel qui disait d'une voix très-calme : Je crains que l'événement que je désire ne puisse pas avoir lieu de sitôt. Etonnée et choquée de ce que c'était l'amoureux qui semblait demander un délai, elle allait dire quelques mots de surprise ; mais elle pensa encore que c'était sans doute ainsi que faisaient les gens du bon ton, d'autant plus qu'Elinor loin de paraître le moins du monde fâchée, lui dit en souriant : et moi, monsieur, j'espère au contraire qu'à présent il n'y aura plus d'obstacle, et que votre généreux sentiment aura bientôt sa récompense.

C'est clair cela, pensa madame Jennings. On pourrait peut-être trouver cela singulier ; quant à moi, j'aime cette franchise. Mais elle fut surprise après cela de voir le colonel quitter Elinor de sang-froid, et bientôt après sortir de la chambre : il faut convenir, pensa-t-elle, que le cher homme est un peu glacé ; mais il n'est plus très-jeune, et si son amour est moins ardent il durera plus long-temps.

Voici ce qui s'était passé entr'eux pendant cet entretien.

— J'ai entendu parler, mademoiselle, lui avait dit le colonel, de l'injustice que votre ami M. Edward Ferrars a soufferte de sa famille. Si je suis bien informé, il a été entièrement repoussé par sa mère, parce qu'il persévère dans ses engagemens avec une jeune personne qu'il aime, dont il est aimé, dont sa mère et sa sœur faisaient beaucoup de cas et qui demeurait même chez la dernière comme une amie intime. Est-ce vrai, mademoiselle, je m'en rapporte à vous?

Elinor dit que rien n'était plus vrai.

— La cruauté et le danger de séparer deux jeunes cœurs attachés l'un à l'autre depuis longtemps, dit avec sentiment le colonel, m'ont toujours paru une des responsabilités les plus terribles. Il s'agit du bonheur ou du malheur, non-seulement dans cette vie, mais aussi dans l'autre. Ma triste expérience là-dessus me fait trembler. Madame Ferrars ne sait pas ce qu'elle fait, et où elle pouvait entraîner son fils. Le malheur d'être déshérité est bien léger auprès de celui qui l'attendait dans un mariage forcé, et auprès des remords d'avoir manqué à sa parole. Je l'estime de sa noble résistance ; je ne l'ai vu que deux ou trois fois ; mais il m'a plu dès le premier moment. C'est un jeune homme plein de mérite, sans aucun des ridicules et des travers si fréquens que l'on a lorsqu'on est élevé avec l'espoir d'une brillante fortune. Je m'intéresse à lui pour lui-même et parce qu'il est votre ami, et je voudrais que dans ce moment fâcheux, cet intérêt pût lui être utile. J'apprends qu'il va se faire consacrer et prendre le parti de l'église, et je le loue encore d'avoir préféré cet état à d'autres plus brillans et moins respectables. Voudriez-vous avoir la bonté de lui dire que le bénéfice de ma terre de Delafort se trouve heureusement vacant ; j'en ai eu l'avis ces derniers jours, et s'il veut bien l'accepter, je serais charmé qu'il puisse lui convenir? dans ces malheureuses circonstances j'ai peut-être le droit de l'espérer; et mon regret est qu'il ne soit pas plus considérable. Le dernier recteur en tirait deux cents livres par année; mais je le crois très-susceptible d'amélioration. Ce n'est pas sans doute une place aussi considérable qu'il le mériterait; mais telle qu'elle est, s'il veut bien l'accepter, j'ai un grand plaisir à la lui offrir, et je vous prie de l'en assurer.

L'étonnement d'Elinor en recevant cette commission aurait à peine été plus grand, s'il lui avait fait l'offre de sa main. Cette place qu'elle croyait qu'Edward n'obtiendrait de bien long-temps, et peut être jamais, lui était offerte. Il n'y avait plus d'obstacle à son mariage; et c'était elle qui était appelée à le lui apprendre; c'était en partie pour elle qu'on la lui donnait. Elle éprouvait là-dessus un tel mélange de sentimens contradictoires, qu'il n'est pas étonnant que madame Jennings ait attribué son émotion à une cause plus directe. Mais bientôt tout sentiment personnel s'effaça du cœur pur et noble d'Elinor. Elle ne sentit plus qu'une profonde estime et une vive reconnaissance pour le généreux colonel qui se privait lui-même de l'avantage qu'il pouvait retirer de son bénéfice, pour obliger un homme intéressant et malheureux qu'il regardait comme l'ami d'Elinor. Elle le remercia de tout son cœur, lui parla d'Edward avec les éloges qu'elle savait qu'il méritait, et promit de se charger de cette commission avec plaisir, si réellement il préférait qu'un autre que lui-même en fût chargé; mais elle lui fit observer que rien ne pouvait rendre cette heureuse nouvelle plus agréable à M. Ferrars que de l'apprendre de la bouche même de son bienfaiteur. Elle désirait bien en être dispensée, et pour elle-même et pour Edward, qui souffrirait peut-être de lui avoir cette obligation; mais le colonel par des motifs de délicatesse parut désirer si vivement que ce fût elle qui voulût bien remplir cet office, qu'elle n'osa plus faire d'objection. Edward devait encore être à Londres; Anna lui avait dit son adresse: elle résolut de lui écrire le même jour. Lorsque cela fut arrangé, le colonel la pria encore de dire à son ami, combien lui-même se trouvait heureux de s'assurer un si respectable et si bon voisinage. C'est alors qu'il parla avec regret de la petitesse de la maison et de son peu d'élégance, et qu'Elinor lui répondit, comme madame Jennings l'avait entendu, que ce ne serait pas un obstacle : une petite habitation, ajouta-t-elle, sera mieux proportionnée à leur fortune.

Le colonel parut surpris qu'Edward eut l'idée de se marier d'abord. Les revenus du bénéfice de Delafort, dit-il, seraient suffisans pour un célibataire; mais pour une famille qui s'augmentera peut-être beaucoup, et avec les habitudes de M. Ferrars, et une jeune femme qui me paraît aimer assez le monde et la parure, il me paraît impossible qu'il ait assez; et je le trouverais imprudent de s'établir avec cela.

aussi je ne le lui offre qu'en attendant mieux, et je ferai tout ce qui dépendra de moi pour lui en procurer un meilleur, qui le mette à même de vivre agréablement en famille. Ce que je fais à présent mérite à peine votre reconnaissance, puisque je n'avance pas le bonheur de votre ami, et je crains fort, je l'avoue, que l'événement que je désire ne puisse avoir lieu de sitôt.

Telles étaient les paroles par où le colonel finit, auxquelles Elinor répondit comme on l'a vu, et que madame Jennings interpréta à sa manière. Elle fut bien un peu surprise d'entendre Elinor remercier encore le colonel lorsqu'il sortit, et l'assurer de sa reconnaissance. Ces gens du grand monde, pensa-t-elle, ont de singulières manières. Quand j'épousai feu mon cher Jennings, il était aussi plus riche que moi; je ne pensai point à le remercier de m'épouser puisqu'il m'aimait, et je trouvai que c'était à lui d'être reconnaissant. Mais sans doute ce sont là les belles manières.

CHAPITRE XLI.

Maria sortit aussi, et madame Jennings en fut charmée ; il lui tardait d'être seule avec Elinor et de lui faire son compliment. Eh bien ! ma chère, lui dit-elle en souriant avec son air de sagacité, je ne vous demande pas ce que vous disait le colonel, car, quoique, sur ma parole, je fisse tout ce que je pouvais pour ne pas écouter, je n'ai pu m'empêcher d'en entendre assez pour m'expliquer toute l'affaire. Je vous assure que jamais rien ne m'a fait plus de plaisir, et je vous en félicite de tout mon cœur.

— Je vous remercie, madame, dit Elinor ; c'est sûrement un grand plaisir pour moi, qu'une chose que je croyais ne pouvoir s'effectuer de bien long-temps, et peut-être jamais, se soit aussi vîte décidée; et je sens la bonté du colonel, de s'être adressé à moi plutôt qu'à d'autres. Peu d'hommes agiraient aussi généreusement que lui; peu, fort peu ont un aussi bon cœur et sont aussi désintéressés. Je n'ai jamais été plus surprise.

— Vraiment, ma chère, vous êtes aussi par trop modeste; à quelle personne vouliez-vous qu'il s'adressât, qui lui convînt mieux que vous? Quant à moi, je n'ai pas du tout été suprise; j'y ai souvent pensé ces derniers temps, et j'étais sûre qu'il en viendrait là.

— Vous en avez jugé sûrement d'après la connaissance que vous aviez avant moi de l'humanité du colonel, et d'après sa bonté;

mais du moins vous ne pouviez prévoir qu'il trouverait aussi-tôt l'occasion de l'exercer.

— L'occasion! répéta madame Jennings; ah! quant à cela, lorsqu'un homme s'est mis une chose dans la tête, l'occasion s'en trouve toujours. Eh bien! ma chère, la noce suivra bientôt je suppose; et je verrai un couple heureux s'il en fut jamais.

— Il faut l'espérer, dit Elinor avec un triste sourire. Vous viendrez à Delafort bientôt après sans doute.

— Ah! ma chère, bien sûrement, et je suppose qu'il y aura place pour moi, quoique la maison soit *petite*, au dire du colonel; mais ne le croyez pas; je vous assure, moi, qu'elle est belle et bonne. Je ne sais pas ce qu'il y aurait à réparer : au reste si cela l'amuse, il faut le laisser faire ; il est assez riche pour se donner ce plaisir.

Elles furent interrompues par le domestique qui vint dire que le carosse était à la porte; et madame Jennings qui devait sortir, se leva pour se préparer.

— Eh bien ! ma chère, dit-elle, il faut que je vous quitte avant de vous avoir dit la moitié de ce que je pense ; mais nous en jaserons dans la soirée, où nous serons tout-à-fait seules. Si le colonel revient comme je suppose, il ne sera pas de trop ; mais nous ne recevrons que lui. Vous devez avoir trop d'affaires dans la tête pour vous soucier de compagnie. Adieu; donc je vous laisse ; aussi bien vous devez languir de le dire à votre sœur. — Je le lui dirai sûrement, répondit Elinor, mais pour le moment je vous prie de n'en parler à personne. Madame Jennings eut l'air d'être un peu contrariée. — Très-bien, dit-elle, je comprends; mais Lucy cependant qui a eu toute confiance en vous, il me semble qu'il est juste qu'elle le sache la première, et je vais la voir ce matin.

— Non, non, madame, dit vivement Elinor, sur-tout pas à Lucy je vous en conjure. Un délai d'un jour ne sera pas bien fâcheux pour elle; et jusqu'à ce que je l'aie écrit à M. Ferras, ainsi que je l'ai promis au colonel, je préfère que personne ne le sache. Je vais lui écrire à l'instant; il n'y a pas de temps à perdre pour qu'il se fasse consacrer le plutôt possible.

Madame Jennings paraît d'abord assez surprise, mais après un instant de réflexion elle crut avoir saisi ce qu'Elinor voulait dire, que sans doute le premier acte ecclésiastique du nouveau pasteur Ferrars, serait de bénir le mariage du colonel et d'Elinor, et qu'on voulait saisir cette occasion de lui faire un beau présent.

—J'entends, j'entends, dit-elle; c'est vrai cela; c'est très-joli, très-généreux de la part du colonel, et c'est bien, parce qu'Edward est votre ami; car lui le connaît à peine. Je suis charmée de voir que tout soit déja si bien arrangé entre vous. C'est là sans doute pourquoi il parlait de délai.... Très-généreux en vérité! Mais, ma chère, il faut pourtant que votre vieille amie vous dise une chose. Il me semble que ce n'est pas à vous à écrire là-dessus à M. Ferrars; le colonel aurait dû s'en charger; cela aurait mieux convenu.

Elinor rougit beaucoup. Pauvre Elinor! Sans se l'avouer à elle-même, elle était bien-aise d'écrire encore une fois à Edward avant qu'il appartînt à une autre femme, et de lui apprendre la première son bonheur.

— Pourquoi donc cela n'est-il pas convenable, madame? Comme vous le disiez, M. Ferrars est mon ami et non pas celui du colonel. M. Brandon est si délicat qu'il a préféré que ce fût moi qui le proposasse à Edward; et je le lui ai promis.

— A la bonne heure donc; il ne faut pas commencer par le désobliger; mais c'est une singulière espèce de délicatesse. Allons, allons, mes chevaux m'attendent; et je vous laisse écrire. Je vous promets le secret pour aujourd'hui, puisque vous le voulez, mais demain je le dis à tout le monde, je vous en avertis. Elle sortit, puis rentra tout de suite : A propos, ma chère, je pense à la sœur de ma Betty; je serai charmée qu'elle ait une si bonne maîtresse. Elle s'entend à tout; je la ferai venir; vous en serez enchantée; c'est précisément tout ce qu'il faut à Delafort. Vous y penserez à votre loisir.

Elinor l'entendit à peine, lui répondit: oui, madame, certainement, pour la faire en aller; elle pensait à sa lettre à Edward. Dès qu'elle fut seule, elle prit la plume. Par où commencer ? Que lui dire ? Elle craignait également d'être trop ou trop peu amicale. La plume dans une main, la tête appuyée sur l'autre, elle réfléchissa profondément, à ce qui aurait été la chose du monde la plus aisée pour toute autre personne, et se félicitait cependant d'avoir à lui écrire plutôt que de lui parler, lorsqu'elle fut interrompue dans le cours de ses pensées par quelqu'un qui entrait discrètement, et c'était.... celui qui en était l'objet, c'était Edward.

L'étonnement et la confusion d'Elinor furent au comble. Elle n'avait pas vu Edward depuis que ses engagemens étaient connus et qu'il savait par Lucy que depuis long-temps elle en était instruite. Tremblante, interdite, elle se leva, balbutia quelques paroles, lui offrit un siége, et resta en silence. Il n'était pas moins embarrassé; son émotion était visible: Enfin il lui demanda pardon de la manière dont il s'était introduit lui-même au salon sans se faire annoncer.

— Je venais, lui dit-il, me présenter avant mon départ chez madame Jennings et chez vous, mesdames. J'ai rencontré votre amie sur l'escalier. Elle m'a obligeamment pressé d'entrer, en me disant que je trouverais mademoiselle Dashwood au salon, occupée à.... Enfin que vous aviez à me communiquer une affaire très-importante et qui me surprendrait beaucoup. J'ai cru devoir vous épargner la peine de me l'écrire, d'autant que je quitte Londres demain, et que de long-temps, de très-long-temps peut-être, je n'aurai pas le bonheur de vous revoir. J'aurais été bien malheureux de partir sans prendre congé de vous et de mademoiselle Maria; demain je vais à Oxford.

—Vous ne seriez sûrement pas parti, dit Elinor, sans recevoir nos bons vœux, lors même que je n'aurais pas eu le plaisir de vous voir. Madame Jennings vous a dit la vérité; j'ai quelque chose d'important à vous communiquer, et j'allais vous écrire quand vous êtes entré. Edward rougit, et s'avança avec une extrême curiosité. — Je suis chargée, monsieur, dit-elle en parlant plus vîte qu'à l'ordinaire, d'une commission qui vous sera très-agréable. Le colonel Brandon, qui était ici il y a au plus un quart-d'heure, m'a chargée de vous dire qu'ayant appris que votre intention est de vous faire consacrer et de suivre la carrière de l'église, il a le plaisir de pouvoir vous offrir le bénéfice de sa terre de Delafort, qui se trouve vacant, et que son seul regret est qu'il ne soit pas plus considérable. Permettez-moi de vous féliciter d'avoir un ami tel que lui, qui sait apprécier le mérite, et que vous trouverez disposé de toute manière à vous obliger. La cure ne rapporte que deux cents livres sterling, mais peut, dit-il, rendre davantage. Je joins mes vœux aux siens pour que vous en ayez dans la suite une plus avantageuse; mais dans ce moment j'espère... nous espérons qu'elle pourra vous suffire, et que.... cet établissement.... accélérera.... enfin, que vous y trouverez tout le bonheur que vos amis vous souhaitent.

Ce qu'Edward éprouvait dans ce moment ne peut être rendu ; mais ce n'était pas de la joie. Une surprise extrême mêlée d'un sentiment très-douloureux, voilà ce ce que sa physionomie exprimait. Le sort en était jeté; il n'avait plus de prétexte de retarder son mariage.

— Dieu! que dites-vous, s'écria-t-il, en sortant de cet état de stupeur? à peine puis-je croire ce que j'entends! le colonel Brandon...

— Oui, reprit Elinor, qui retrouvait au contraire toute sa fermeté, le colonel Brandon a pris le plus vif intérêt à ce qui vient de se passer dans votre famille, à la cruelle situation qui en a été la suite; et croyez aussi que Maria, moi, tous vos amis y ont pris la part la plus sincère. Le colonel se trouve heureux de pouvoir vous donner une preuve de sa haute estime pour votre caractère et de son entière approbation de votre conduite dans cette occasion.

— Le colonel me donne un bénéfice, à moi! Cela est-il possible? s'écria encore Edward.

— La dureté de vos parens vous a-t-elle fait croire, mon cher Edward, que vous ne trouveriez de l'amitié nulle part? Vous vous seriez bien trompé.

— Non, répliqua-t-il avec attendrissement; j'étais bien sûr de trouver dans votre cœur intérêt et compassion; je suis convaincu que c'est à votre bonté seule que je dois celle du colonel. Oh! Elinor! Elinor! il s'arrêta, se leva, puis se rapprochant encore d'elle dans une émotion inexprimable: Je ne puis rien dire de ce que je sens, reprit-il en appuyant sa main sur son cœur; mais c'est à vous que je dois tout, car c'est votre estime que j'ai voulu mériter, et que peut-être j'avais mérité de perdre.

— Vous, Edward! jamais.

— Non, non, je vous devais

plus de confiance; mais ce fatal secret n'était pas le mien seul; et jamais, jamais, je n'aurais pu.... ange de bonté, c'est par des bienfaits que vous vous vengez de ma dissimulation.

— Vous vous trompez, monsieur, dit Elinor en s'efforçant de cacher son émotion; je vous assure que vous devez la protection et l'amitié du colonel Brandon à votre propre mérite et à son discernement; je n'y ai aucune part; je ne savais pas même qu'il eût un bénéfice dont il pût disposer. Peut-être a-t-il eu plus de plaisir encore à le donner à un de nos amis; mais sur ma parole vous ne devez rien à mes sollicitations.

La vérité l'obligeait à convenir qu'elle avait quelque part dans cette action; mais en même-temps elle craignait si fort de paraître la bienfaitrice d'Edward, qu'elle prononça cette dernière phrase avec hésitation ; et cet embarras donna un degré de certitude de plus au soupçon qui venait de s'élever dans l'esprit d'Edward. Il resta quelque temps enseveli dans ses pensées après qu'Elinor eut cessé de parler ; à la fin il dit avec un peu d'effort : Le colonel Brandon est un homme d'un très-grand mérite, et qui jouit de l'estime générale. J'ai toujours entendu parler de lui avec les plus grands éloges. Votre frère en fait beaucoup de cas.... et vous aussi sans doute ; ses manières ont beaucoup de noblesse, et sûrement son cœur.... ici il s'arrêta.... est aussi bon que sensible, dit Elinor en achevant la phrase commencée. Plus vous le connaîtrez, plus vous trouverez qu'il mérite tout le bien qu'on vous a dit de lui, et vous le verrez souvent; car le presbytère touche presque au château, ce qui vous fera un très-agréable voisinage. Edward ne répondit rien, mais jeta sur elle un regard si sérieux, si triste même, qu'il semblait dire que ce voisinage loin de lui paraître agréable était un grand malheur pour lui. Il se leva immédiatement après, en demandant à Elinor si la demeure du colonel n'était pas à Saint-James-Street. Elle répondit affirmativement, et lui dit le numéro. Il faut, que j'aille lui faire les remercîmens que vous ne voulez pas recevoir. Elinor ne tenta pas de le retenir. Ils se séparèrent avec plus d'embarras qu'au commencement. Elle lui renouvela ses vœux pour son bonheur, *sous tous les rapports et dans tous les*

les changemens de situation. Il voulut répondre de même; ses paroles expirèrent sur ses lèvres, à peine put-il articuler : Elinor, puissiez-vous être heureuse.... et il disparut.

— Heureuse! répéta-t-elle en soupirant; quand je le reverrai, si jamais je le revois, il sera le mari de Lucy. Des larmes remplirent ses yeux. Elle resta assise à la même place, cherchant à se rappeler chaque mot qu'il avait prononcé, à comprendre ses sentimens. Hélas! elle ne pouvait se dissimuler qu'il n'avait pas l'air plus heureux, que c'était même tout le contraire, depuis que son sort était assuré.

Madame Jennings rentra; quoiqu'elle eût fait beaucoup de visites et qu'elle eût sans doute bien des choses à dire, elle était tellement occupée du grand secret, qu'elle entama d'abord ce sujet en entrant au salon.

— Eh bien! ma chère, dit-elle, vous n'avez pas eu besoin d'écrire ; je vous ai envoyé le jeune homme lui-même. N'ai-je pas bien fait ? Je suppose qu'il n'y a pas eu grande difficulté, et que vous l'avez trouvé tout disposé à accepter votre proposition.

— Oui sans doute, madame ; il est allé d'ici chez le colonel pour le remercier.

— Fort bien ! mais sera-t-il prêt bientôt ? il ne faut pas qu'il fasse trop attendre pour le mariage, puisqu'il ne peut pas se faire sans lui.

— Non bien certainement, dit Elinor en riant, mais il faut qu'on l'attende. Je ne sais pas du tout combien il lui faut de temps pour sa consécration ; je n'en puis parler que par conjecture, trois ou quatre mois peut-être.

— Trois ou quatre mois ! s'écria madame Jennings, Seigneur ! ma chère, avec quelle tranquillité vous en parlez ! Croyez-vous que le colonel veuille attendre trois ou quatre mois ? Il y a de quoi perdre toute patience. Je suis charmée qu'il saisisse cette occasion de faire quelque bien au pauvre Edward Ferrars ; mais pourtant attendre trois ou quatre mois, pour lui c'est un peu fort. Il aurait facilement trouvé quelque ecclésiastique qui ferait tout aussi bien et qu'on aurait pu avoir tout de suite.

— Oui, ma chère dame, dit Elinor, on en trouverait beaucoup ; mais le seul motif du colonel Brandon est d'être utile à M. Ferrars, et non pas à quelqu'autre.

— Que le ciel me bénisse ! s'écria la bonne Jennings en éclatant de rire ; *son seul motif !* vous ne me persuaderez pas que le colonel n'ait d'autre motif en se mariant que de donner vingt-cinq guinées à M. Ferrars.

L'erreur ne pouvait pas durer plus long-temps, et l'explication qui eut lieu, les amusa beaucoup sans qu'il y eût rien à perdre ni pour l'une ni pour l'autre. Au contraire madame Jennings échangea un plaisir pour un autre, et sans perdre l'espoir du premier. Allons, dit-elle, à la Saint-Michel j'espère aller voir Lucy dans son presbytère et la trouver bien établie ; et qui sait encore si je ne pourrai pas faire d'une pierre deux coups et visiter en même temps la maîtresse du château; car cela viendra un jour, je vous le promets; et vous serez les deux couples les plus heureux qu'il y ait jamais eu au monde.

Elinor soupira; elle était bien sûre quant à elle de ne pas avoir sa part de ce bonheur.

CHAPITRE XLII.

Après que le triste Edward eut fait au colonel ses remercîmens pour une faveur dont il se serait bien passé, il alla à Holborn faire part de *son bonheur* à Lucy. Il faut que pendant la route il ait fait sur lui-même des efforts bien extraordinaires, car Lucy assura à madame Jennings, qui vint le jour suivant la féliciter, qu'elle ne l'avait vu de sa vie *aussi gai, aussi heureux* qu'en lui apprenant cette nouvelle. Son propre bonheur à elle était plus certain. Elle se joignit de grand cœur à l'espoir de madame Jennings d'être établie à la Saint-Michel au presbytère de Delafort ; elle parut aussi très-disposée à croire qu'Elinor s'était intéressée pour eux auprès du colonel; elle vanta beaucoup son amitié pour elle et pour son futur mari, et déclara qu'il n'y avait rien qu'elle ne pût en attendre, et qu'elle savait que mademoiselle Dashwood ferait tout pour ceux qu'elle aimait. Quant au colonel Brandon, elle dit qu'elle le reverrait comme un Dieu bienfaisant. Madame Jennings ne put alors s'empêcher de dire qu'elle espérait bien qu'il épouserait Elinor, et que ce serait pour eux une grande augmentation de bonheur. Certainement, dit Lucy avec dépit; mais Edward m'a assuré que le colonel lui procurerait bientôt un meilleur bénéfice; sans doute je regretterai beaucoup le voisinage d'Elinor, mais il faut avant tout, penser à ce qui est le plus avantageux, et deux cents pièces ne sont pas grand chose. Mais je tâcherai, ajouta-t-elle, de lui faire rendre davantage; j'ai dit à Edward de me laisser le soin du domaine; et il y est tout disposé. Pendant qu'il fera et débitera ses sermons, je léverai les dîmes; j'aurai soin de la laiterie, de la basse-cour, du jardin; je ferai vendre nos denrées, et quand j'aurai mis de côté pendant l'été une bonne petite somme, je pourrai aller m'amuser à Londres un mois ou deux après Noël. Lorsque vous n'aurez personne pour vous tenir compagnie, ma chère cousine Jennings, je serai fort à votre service. Edward restera à Delafort; il ne s'ennuie jamais seul. Oh! comme nous allons être heureux! c'est dommage seulement qu'il n'ait pas un peu de la gaîté et de la gentillesse de son frère, qui est toujours prêt à rire et à causer, au lieu qu'Edward peut être des heures entières à lire. Moi je ne connais rien de plus ennuyeux ; mais à présent j'aurai assez à faire de mon côté quand je serai là, et je n'y serai pas toujours, etc. etc. Madame Jennings revint à la maison en assurant que Lucy était la plus aimable des filles, et serait la plus heureuse des femmes.

Il y avait au moins une semaine qu'on n'avait aperçu John Dashwood, ni entendu parler de lui. Élinor n'avait point vu sa belle-sœur depuis son indisposition, et jugea qu'elle devait lui faire une visite. Cette obligation n'était rien moins qu'un plaisir ; et elle n'y fut point encouragée par ses deux compagnes. Non-seulement Maria refusa absolument d'y aller, en disant qu'elle était plus malade que Fanny, mais elle fit aussi tout ce qu'elle put pour qu'Elinor n'y allât pas. Madame Jennings lui dit que son carrosse était à son service; mais qu'elle ne l'accompagnerait pas chez une femme dont les airs et la hauteur lui étaient insupportables. J'aurais cependant eu du plaisir, dit-elle, à la voir humiliée et piquée du choix de son frère, à lui dire combien je l'approuve, et à lui apprendre qu'Edward va se marier et n'aura plus besoin d'eux. Mais qui sait si je la trouverais encore aussi fâchée qu'elle veut le paraître; son orgueil et son avarice doivent se livrer un combat. Elle est blessée que sa belle-sœur ne soit pas la fille d'un lord; mais elle est bien aise peut-être de l'espoir d'avoir sa part de l'héritage de son frère. Oh! l'odieuse femme, et que je vous plains de vous croire obligée de la voir.

La bonne Elinor pensait peut-être de même, mais ne voulut pas en convenir; elle prit le parti de Fanny autant qu'il lui fut possible, et toujours prête à remplir les devoirs mêmes qui lui coûtaient le plus, elle se mit en chemin pour Harley-Street.

Madame Dashwood fit dire qu'elle n'était pas encore assez bien pour recevoir qui que ce fût. Mais avant que le carrosse eût tourné pour revenir à Berkeley-Street, John Dashwood sortit de la maison et vint à la portière avec sa manière accoutumée. Il fit un bon accueil à sa sœur; il lui dit qu'il allait dans ce moment à

Berkeley-Street pour la voir, et lui assura que Fanny ne savait sûrement pas que ce fût elle et qu'elle lui ferait grand plaisir; il l'invita donc à descendre de voiture et à passer quelques momens avec eux. Elinor qui dans le fond aimait son frère se laissait toujours prendre à son air de bonhomie et elle consentit à entrer avec lui. Il la conduisit au salon, où il n'y avait personne. — Fanny est dans sa chambre, je crois, dit John; la pauvre femme n'est point bien encore; un si rude coup! mais elle n'aura aucune raison pour ne point recevoir votre visite, j'en suis sûr. Je vais la prévenir que vous avez voulu entrer malgré son refus; elle en sera très-flattée. A présent, Elinor, elle n'a plus aucun motif de vous craindre; vous comprenez ce que je veux dire, et vous allez être sa grande favorite, et Maria aussi. Pourquoi n'est-elle pas venue avec vous? toujours malade, je parie; c'est fort triste en vérité. L'air de la campagne la remettra : point d'autres remèdes surtout, celui-là ne lui coûtera rien; et les médecins et les remèdes sont si chers! Je sais ce qu'il nous en coûte pour ce mal de Fanny, et c'est pourtant la faute d'Edward...... Enfin chère Elinor, je ne suis point fâché de vous voir seule, car j'ai beaucoup de choses à vous dire. Est-il vrai d'abord que le colonel Brandon ait donné son bénéfice de Delafort à Edward? Je l'appris hier par hasard, et j'allais chez vous exprès pour m'en informer. Je ne le crois pas du tout, et je fus sur le point de proposer un pari; cela n'est pas vrai, n'est-ce pas? Combien je me repens de n'avoir pas parié!

— Vous avez très-bien fait, car rien n'est plus vrai. Le colonel Brandon a donné son bénéfice de Delafort à Edward.

— Réellement! eh bien! y a-t-il rien de plus étonnant! Ni parenté, ni liaison, et lui donner (car il l'a *donné*, dites-vous) un bénéfice dont il pouvait tirer beaucoup, beaucoup d'argent. De quelle valeur est-il ?

— Environ de deux cents pièces de revenu.

— Très-bien, très-joli revenu; et pour commencer avoir un bénéfice de cette valeur! Edward n'est pas malheureux. Le colonel aurait pu le vendre quinze cents pièces, peut-être deux mille. Je suis confondu : un homme de sens comme le paraît le colonel!

On a bien raison de dire qu'il y a chez tous les humains un grain de folie. Il est possible cependant en y pensant bien qu'il y ait quelque chose la dessous ; je crois que je le devine. Le colonel l'aura vendu à quelque jeune homme de famille riche, qui n'a pas encore l'âge requis, et Edward l'occupe jusqu'à ce temps-là, et tirera la moitié du revenu. Cent pièces pour quelqu'un qui n'a rien, c'est très-honnête. Je parie que j'ai mis le doigt dessus : cela explique tout.

Elinor assura que non très-positivement. Elle raconta qu'elle avait été employée elle-même à faire à Edward l'offre du colonel ; qu'elle était sans aucune réserve, et que le seul regret du colonel était que son bénéfice ne fût pas plus considérable.

— Je ne puis en revenir, s'écria John ; c'est vraiment étonnant ! Quel peut-être le motif du colonel ?

— Un très-simple, le désir d'être utile à M. Ferrars.

— En vérité, chère Elinor, je croirais plutôt que c'est le désir de vous plaire, si vous pouviez encore vous intéresser le moins du monde à Edward ; mais après ce qu'il vous a fait ! Vous courtiser, laisser croire à tout le monde qu'il vous était attaché, indisposer votre belle-sœur contre vous à cette occasion, et puis être engagé à une autre, qui ne vous vaut pas ; c'est mal cela, très-mal, et vous devez le détester plus que personne ; mais vous avez un si bon cœur ! Ecoutez, ne parlez pas à Fanny de ce bénéfice. Je lui en ai dit un mot, et elle l'a très-bien pris ;

mais elle n'aime pas à entendre parler de son frère.

Elinor eut peine à s'empêcher de lui dire que Fanny pouvait supporter avec calme une acquisition de fortune à son frère, qui ne lui ôtait rien à elle-même.

Madame Ferrars, ajouta John en baissant la voix et d'un air important, ne sait rien de cela, et nous voulons le lui cacher autant qu'il sera possible. Quand le mariage d'Edward aura lieu, nous tâcherons aussi qu'elle l'ignore, au moins quelque temps.

— Mais pourquoi toutes ces précautions? dit Elinor; il n'est pas à supposer que madame Ferrars puisse avoir la moindre satisfaction ou la moindre peine en apprenant que son fils a de quoi vivre. Elle a prouvé par sa conduite avec lui qu'elle n'y prenait plus nul intérêt; elle ne le regarde plus comme son fils puisqu'elle l'a repoussé pour toujours. Sûrement on ne peut imaginer qu'elle éprouve à son égard quelque impression de chagrin ou de joie; qu'elle s'intéresse à ce qui lui arrive. Elle n'a pas privé volontairement son enfant de tout secours pour conserver la sollicitude d'une mère.

— Oh! Elinor dit John, n'ayant pas trop l'air de comprendre dans quel sens elle parlait, votre raisonnement est très-bon; mais il n'est pas dans la nature. Madame Ferras a repoussé loin d'elle un fils ingrat et désobéissant; mais elle ne peut pas oublier qu'il est son fils.

— Vous me surprenez; je croyais que cela était sorti de sa mémoire.

— Vous parlez en femme piquée contre Edward, et je le comprends ; mais cela n'empêche pas que madame Ferrars ne soit une des plus tendres mères qu'il y ait au monde.

Elinor garda le silence.

— Nous espérons à présent, continua-t-il, que Robert épousera mademoiselle Morton.

Elinor sourit de la grave importance de son frère. —Je suppose, dit-elle, que cette jeune dame n'a pas de choix dans cette affaire.

— De choix! qu'entendez vous par-là?

— J'entends que d'après ce que vous me dites, on peut supposer qu'il est indifférent à mademoiselle Morton d'épouser Edward ou Robert.

— Certainement! il ne peut y

avoir aucune différence, à présent que Robert est comme un fils unique; c'est d'ailleurs un jeune homme très-agréable, et très-supérieur à son frère.

Elinor ne dit plus rien. John fut aussi silencieux quelques momens; il avait l'air de réfléchir. — Encore une chose, ma chère sœur, dit-il très-bas en lui prenant la main; j'étais à penser si je devais vous le dire, mais le plaisir de vous en faire part l'emporte sur la prudence; et quoique Fanny de qui je le tiens m'ait bien recommandé le secret, je ne puis le garder avec vous; vous ne me trahirez pas. Eh bien! j'ai de fortes raisons de penser que madame Ferrars a dit à sa fille, que quelques objections qu'elle eût sur une certaine liaison, que nous avions tous soupçonnée, vous m'entendez, Elinor, elle l'aurait beaucoup préférée à ce qui est, et elle n'en aurait pas eu la moitié tant de peine. J'ai été enchanté d'entendre que madame Ferrars pensât ainsi ; c'est une circonstance très-avantageuse pour vous, et pour nous tous. C'eût été, a-t-elle dit à Fanny, beaucoup moins fâcheux sans comparaison, qu'il se fût vraiment attaché à l'une de vos belles sœurs ; et elle voudrait bien à présent qu'il en fût ainsi. Mais il n'en est plus question, puisqu'il n'y a jamais songé, et qu'il n'avait nul attachement pour vous. Seulement j'ai voulu vous le dire, parce que cette préférence de la mère de ma femme doit vous flatter infiniment. Mais vous, ma chère Elinor, vous ne devez avoir aucun regret ; il n'y a pas de doute que vous serez très-bien établie, et tout considéré, mieux qu'avec Edward. Delafort est à ce que je crois une plus belle terre que celle que madame Ferrars destinait à son fils. Avez-vous vu le colonel Brandon dernièrement? Quand vous serez sa femme, j'espère que vous l'engagerez à mieux veiller à ses intérêts, et à ne pas donner au premier venu, ce qui peut lui rapporter beaucoup à lui-même.

Elinor était indignée. Elle en avait assez entendu, non pas pour satisfaire sa vanité ou pour flatter son amour-propre, mais pour irriter ses nerfs et la faire repentir de sa visite. Elle fut charmée d'être dispensée de répondre, ou d'entendre encore quelques sots propos, par l'arrivée de M. Robert Ferrars, qui vint étaler ses grâces et sa parure devant la grande glace du salon de sa sœur. Après quelques mots insignifians John Dashwood se rappela que Fanny ne savait pas encore qu'Elinor était là. Il sortit pour l'en informer, et laissa sa sœur tête à tête avec le beau Robert, qui par sa gaîté, son contentement de lui-même, sa suffisance et son air important, semblait jouir de n'avoir plus à partager avec son frère, l'amour et les libéralités de leur mère, et donnait à Elinor une aussi mauvaise opinion de son cœur que de sa tête. Elle espérait au moins qu'il ne lui parlerait point d'Edward; mais elle était dans l'erreur. Deux minutes ne furent pas écoulées, qu'après un éclat de rire assez long, il lui demanda en riant toujours, s'il était vrai qu'Edward allât prendre les ordres et dût être pasteur au village de Delafort? Elinor le confirma, et lui répéta ce qu'elle avait appris à John. Alors ses éclats de rire immodérés recommencèrent; l'idée de voir Edward en surplis et dans une chaire, publiant les bans de mariage des villageois, leur donnant la bénédiction nuptiale, baptisant leurs petits-enfans, le divertissait outre mesure. — Au surplus, disait-il, je lui ai toujours trouvé la tournure d'un vrai curé de village; si sérieux, si modeste, si peu élégant. Pauvre Edward! la nature l'avait fait pour cela, et son éducation l'a achevé. Se douterait-on que nous sommes frères? Jamais vous ne l'auriez pensé, j'en suis bien sûr: et il se regardait encore dans la glace et recommençait à rire.

— Non en vérité, monsieur, dit Elinor en jetant sur lui un

coup-d'œil méprisant ; il n'y a entre vous deux nul rapport. Elle attendit avec une immuable gravité que son accès de gaîté folle fût passé. Tout-à-coup il cessa de rire.

— Mais qu'avez-vous donc, mademoiselle Dashwood, lui dit-il, vous êtes aussi sérieuse qu'Edward ; vous lui auriez cent fois mieux convenu que cette petite fille si gaie, si animée. Savez-vous qu'elle me fait grande pitié, cette pauvre petite Lucy ? Il y avait de l'étoffe pour en faire une élégante, une femme à la mode ; et devenir la femme d'un grave pasteur, être enterrée dans un presbytère, en bonnet rond, un grand chapeau de paille, au lieu de cette délicieuse coiffure, de ces plumes flottantes ! elle est vraiment très à plaindre. Et ce pauvre Edward ! je plaisante ; mais sur mon ame, je suis très-touché de son malheur; le voilà ruiné pour toujours. On peut faire une folie d'amour quand on est riche, à la bonne heure. Epouser un jolie fille, braver tous ses parens, suivre sa tête, faire parler de soi : tout cela peut être assez plaisant ; mais il faut avoir une fortune indépendante, et ne pas risquer de tout perdre. Pauvre garçon! C'est la meilleure créature qui existe. Ses manières, sa figure, tout cela est misérable ; mais tout le monde n'est pas né avec les mêmes avantages. C'est le plus honnête garçon des trois royaumes; au reste, à quoi cela sert-il dans le monde ? Vous le voyez, à se rendre ridicule, à faire des folies par excès de vertu Tient-on tout ce qu'on promet? A sa place j'aurais épousé mademoiselle Morton et ses trente mille livres, et comme Lucy Stéeles est beaucoup plus jolie, je l'aurais priée de m'aimer toujours. Il ne serait pas au point où il en est. Pauvre Edward! il s'est ruiné lui-même complètement, le voilà séquestré de toute société décente. Pour moi je l'ai dit d'abord à madame Ferrars. Ma chère mère, je ne sais ce que vous ferez dans cette occasion; mais si Edward épouse cette jeune fille, je suis décidé à ne plus le voir. Je lui offris de lui parler, de le dissuader de ce mariage; mais c'était trop tard, la rupture avait eu lieu. Ma mère me promit ce qu'elle aurait donné à Edward. Je ne pouvais pas en conscience agir contre mes propres intérêts; mais j'en suis fâché, très-fâché! Je pouvais mieux me passer que lui de fortune, ne le trouvez-vous pas, mademoiselle

Mais cependant elle ne gâte rien aux autres avantages. Pour le pauvre Edward, il n'aura qu'une jolie femme, dont il sera bientôt las, et une cure de deux cents livres qui ne le nourrira pas la moitié de l'année : et voilà le beau sort qu'il s'est fait.

Robert aurait parlé sur ce ton la journée entière; Elinor ne l'écoutait plus du tout. L'entrée de madame John Dashwood fit taire l'un et sortir l'autre de sa profonde rêverie. Fanny avait une nuance d'embarras avec Elinor, comme se reprochant de l'avoir accusée à tort d'aimer Edward et d'en être aimée. Celle-là du moins ne lui en parla point, et tâcha d'être plus cordiale qu'à l'ordinaire; elle poussa la bonté jusqu'à dire qu'elle était fâchée qu'elles quittassent la ville, et qu'elle espérait les voir l'été à Norland. Son mari était extasié de sa politesse et de ses grâces; en accompagnant Elinor à sa voiture, il lui dit qu'elle devait être bien contente de sa belle-sœur et de sa visite. Je vous promets, ajouta-t-il, pour elle comme pour moi, que nous serons des premiers à vous visiter à Delafort, car je vois que tout s'achemine là, puisque le colonel doit vous aller joindre à Cléveland. Il la loua beaucoup aussi avec sa parcimonie ordinaire d'un arrangement qui les faisait retourner à Barton sans rien dépenser.

Comme Edward n'était plus à Londres et qu'elle ne craignait pas de le rencontrer, elle prit le parti d'aller faire une courte visite à Lucy, qui la reçut, avec transport, ne lui parla que de son bonheur, et lui fit une invitation pressante de venir la voir dans son presbytère à Delafort. Élinor riait de ce que tout le monde l'envoyait à Delafort, endroit dans l'univers qu'elle désirait le moins d'habiter; son unique désir étant actuellement d'éviter toutes les occasions de revoir Edward.

FIN DU TROISIÈME VOLUME.

www.ingramcontent.com/pod-product-compliance
Lightning Source LLC
Chambersburg PA
CBHW050345170426
43200CB00009BA/1739